中国金融稳定报告

China Financial Stability Report

2022

中国人民银行金融稳定分析小组

中国金融出版社

中国人民银行金融稳定分析小组

组　长：潘功胜

成　员（以姓氏笔画为序）：

马贱阳　王　信　刘宏华　孙天琦

阮健弘　李　斌　李文森　邹　澜

金中夏　贾　宁　陶　玲　温信祥

《中国金融稳定报告2022》指导小组

潘功胜　梁　涛　李　超　许宏才

《中国金融稳定报告2022》编写组

总　纂：孙天琦　杨　柳　孟　辉　李敏波
统　稿：杨　柳　张甜甜
执　笔：
综　述：张甜甜　沈昶烨
第一部分：
　　正　文：沈昶烨　陈　俊　徐　昕　程　玥　王　磊
　　专题一：梁　斌　李　欣
　　专题二：管恩杰　齐天骄
　　专题三：秦甜贺
　　专题四：刘　婕　张成成　张文杰
第二部分：
　　正　文：邱　夏　周　异　汤振强　刘　瑶　张子扬
　　专题五：王涣森　李凤磊
　　专题六：郭旻蕙　范熙程
　　专题七：王涣森
　　专题八：王雅琪　王涣森　周　媛
　　专题九：王雅琪
　　专题十：刘　瑶
第三部分：
　　正　文：刘　通　刘　铮　张倩倩　王海纳　秦甜贺
　　　　　　李　岩　李恺宁　迟　卉　刘　婕　李夏炎
　　专题十一：武　斌　鲁　晨　夏梓耀
　　专题十二：张昕宁
　　专题十三：李　岩
　　专题十四：张文卓　杨　山
　　专题十五：阮鹏飞
　　专题十六：潘　璐
　　附　录：刘　铮　王薇琳　鲁芃蔚　毛奇正　李　博　赵朋飞
其他参与写作人员（以姓氏笔画为序）：
　　王蕊同　刘　浩　李　晗　李一帆　杨　洋　杨　娉　张　赛
　　张若婵　张薇薇　陈　双　陈　博　陈　羲　陈文杰　居　姗
　　赵诗雨　骆雄武　慈庆琪

综　述

2021年，面对复杂严峻的国内外形势和诸多风险挑战，中国统筹疫情防控和经济社会发展，全年主要目标任务较好完成，构建新发展格局迈出新步伐，高质量发展取得新成效，“十四五”实现了良好开局。中国国内生产总值（GDP）同比增长8.4%，在全球主要经济体中名列前茅；就业形势总体稳定，居民消费价格温和上涨，国际收支基本平衡，外汇储备规模保持稳定。

按照党中央、国务院决策部署，在国务院金融稳定发展委员会（以下简称金融委）统筹指挥下，金融系统坚持稳中求进工作总基调，扎实做好“六稳”工作，全面落实“六保”任务，加强宏观政策跨周期和逆周期调节，加大对实体经济支持力度，持续深化金融改革开放，全力做好金融风险防范化解工作。一是稳杠杆取得显著成效。实施有力、有效、有度的宏观经济政策，以相对较少的债务增量支持经济较快恢复增长。2021年末，我国宏观杠杆率为272.5%，较上年末降低7.7个百分点。二是推动高风险机构精准拆弹工作取得积极进展。持续推动“明天系”、海航集团等企业集团的风险化解工作。持续压降高风险金融机构数量，2022年第二季度央行金融机构评级结果显示，全国高风险机构数量较峰值已压降近半，现有366家高风险机构总资产仅占全部参评机构总资产的1.55%。三是统筹做好资管业务整改工作。资管新规过渡期于2021年底如期结束，资管整改成效显著，通道类业务规模大幅压降，产品净值化比例明显提升，资管行业呈现稳健发展态势。四是全面清理整顿金融秩序。P2P网贷平台全部退出经营，互联网金融转入常态化监管。坚决推进反垄断和防止资本无序扩张，依法将各类金融活动全面纳入监管。严厉打击虚拟货币交易炒作及乱办金融、非法集资等非法金融活动。五是维护金融市场稳健运行。全面深化资本市场改革，设立北京证券交易所，全面实行股票发行注册制条件逐步具备。夯实债券市场法律基础，持续加大对债券市场违法违规行为打击力度。完善外汇市场“宏观审慎+微观监管”两位一体管理框架，有效防范跨境资本流动风险。

六是有力推进防范化解金融风险体制机制建设。推动建立地方党政主要领导负责的财政金融风险处置机制，金融委办公室地方协调机制发挥积极作用。发布宏观审慎政策指引，完善宏观审慎政策框架。发布国内系统重要性银行名单，制定实施系统重要性银行附加监管规定、全球系统重要性银行总损失吸收能力管理办法，完善系统重要性金融机构监管。出台金融控股公司董监高人员任职备案管理规定，依法受理金融控股公司设立申请，完善金融控股公司监管制度体系。不断健全存款保险制度，早期纠正工作成效明显。起草《金融稳定法》，积极推进设立金融稳定保障基金相关工作。总体来看，金融稳定工作在精准拆弹、改革化险、抓前端治未病、建机制补短板等方面取得积极成效，金融风险整体收敛、总体可控，金融业平稳健康发展。

在肯定成绩的同时，也要清醒认识我国经济金融发展面临的困难和挑战。国际方面，全球疫情仍在持续，地缘政治局势紧张，供应链和国际贸易受阻，粮食、能源等大宗商品价格大幅波动。主要发达经济体通货膨胀水平屡创新高，加快收紧货币政策的外溢效应不容忽视，全球经济增长、金融市场和跨境资本流动面临震荡风险。国内方面，我国经济发展面临需求收缩、供给冲击、预期转弱三重压力。消费复苏动能较弱，稳出口难度增大，结构性通胀压力加大，疫情对经济平稳运行造成一定影响。区域经济发展不平衡进一步凸显，中小金融机构风险呈现区域集中特征。

展望未来，中国经济稳中向好、长期向好的基本面没有改变，支撑高质量发展的生产要素条件没有变，韧性足、潜力大、空间广的特点也没有变。无论国际风云如何变幻，我们都要坚定不移做好自己的事情，以习近平新时代中国特色社会主义思想为指导，贯彻落实党的二十大精神，坚定不移走中国特色金融发展之路。要坚持稳中求进工作总基调，完整、准确、全面贯彻新发展理念，加快构建新发展格局，全面深化改革开放，坚持创新驱动发展，推动高质量发展，坚持以供给侧结构性改革为主线，统筹疫情防控和经济社会发展，统筹发展和安全，继续做好“六稳”“六保”工作，着力稳定宏观经济大盘，保持经济运行在合理区间。稳健的货币政策要加大对实体经济的支持力度，将稳增长放在更加突出的位置，更好发挥货币政策工具总量和结构双重功能，增强信贷总量增长的稳定性。健全市场化利率形成和传导机制，推动企业综合融资成本稳中有降、金融系统继续向实体经济让利，强化对重点领域和薄弱环节支持力度。加强和完善现代金融监管，提升监管协调效能，补齐制度短板。完善中小银行公司治理，多渠道补充中小银行资本，加快不良资产处置。以全面实行股票发行注册制为主线，深入推进资本市场改革。进一步完善债券市场法制，及时防范化解债券市场风险，稳步推动债券市场更高水平的对外开放。继续按照“稳定大局、统筹协调、分类施策、精准拆弹”的基本方针，稳妥有序做好重点机构风险处置化解工作，压实地方、金融监管、行业主管等各方责任，压实企业自救主体责任。强化金融稳定保障体系，积极推动设立金融稳定保障基金相关工作，发挥存款保险制度和行业保障基金的作用，运用市场化、法治化方式化解风险隐患。进一步强化系统观念，坚持底线思维，增强忧患意识，加强风险预警、防控机制和能力建设，构建更加强健有效的金融安全网，牢牢守住不发生系统性金融风险的底线。

目录

第一部分

宏观经济运行情况

2021年，面对复杂严峻的国内外形势和诸多风险挑战，中国统筹疫情防控和经济社会发展，较好完成全年主要目标任务，实现了“十四五”良好开局。但同时，全球疫情仍在持续，世界经济复苏动力不足，大宗商品价格高位波动，外部环境更趋复杂严峻和不确定，我国经济发展面临需求收缩、供给冲击、预期转弱三重压力。下一步，金融系统将继续坚持稳中求进工作总基调，完整、准确、全面贯彻新发展理念，加快构建新发展格局，全面深化改革开放，坚持创新驱动发展，推动高质量发展，坚持以供给侧结构性改革为主线，统筹疫情防控和经济社会发展，统筹发展和安全，继续做好“六稳”“六保”工作，着力稳定宏观经济大盘，保持经济运行在合理区间，保持社会大局稳定。

一、国际经济金融形势

2021年，全球经济复苏逐步放缓，供应链“瓶颈”凸显，通胀压力上升，国际金融市场波动加大，外部环境更趋复杂严峻和不确定。

（一）主要经济体经济形势

全球经济复苏有所放缓。2021年，全球经济复苏随着疫情的反复而波动，下半年复苏动能明显减弱。美国国内生产总值（GDP）环比折年率从第二季度的6.7%降至第三季度的2.3%，第四季度为6.9%。欧元区GDP环比折年率从第三季度的9.4%降至第四季度的1.2%。日本GDP环比折年率从第二季度的2.4%降至第三季度的−2.8%，第四季度为4.6%（见图1−1）。从全年看，美国、欧元区、日本GDP同比增长分别为5.7%、5.3%和1.7%。

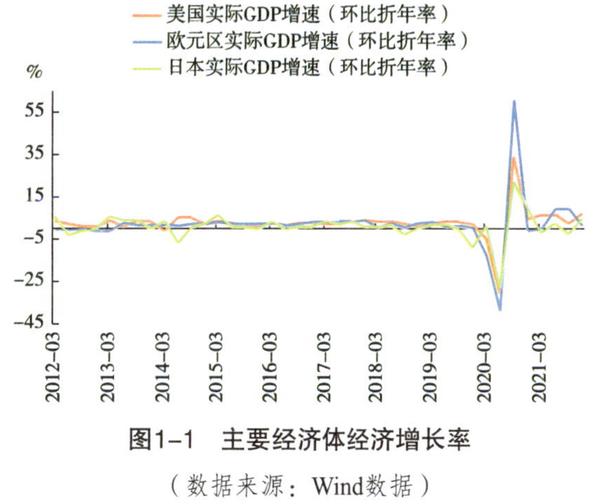

图1−1　主要经济体经济增长率

（数据来源：Wind数据）

劳动力市场供给不足。2021年，主要发达经济体失业率与疫情前的差距不断收窄，12月，美国、欧元区和日本的失业率分别降至3.9%、7.0%和2.7%（见图1−2）。但劳动参与率恢复缓慢，劳动供给不足的矛盾凸显，劳动力缺口持续扩大。

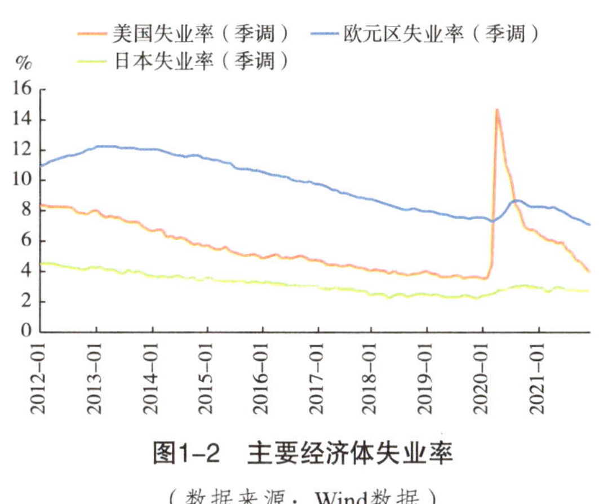

图1−2　主要经济体失业率

（数据来源：Wind数据）

通胀压力持续上升。2021年12月，美国居民消费价格指数（CPI）同比上涨7%，创1982年以来新高。欧元区和日本的物价指数同比上涨5.0%和0.8%（见图1-3）。部分新兴市场经济体通胀压力亦处于高位，12月巴西和俄罗斯物价指数同比涨幅分别为10.1%和8.4%。

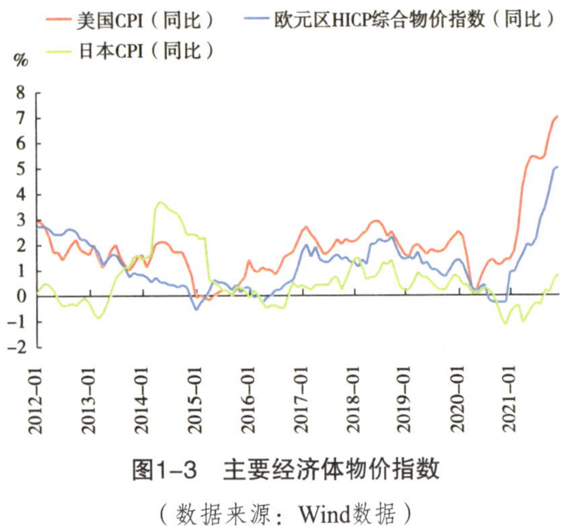

图1-3 主要经济体物价指数

（数据来源：Wind数据）

（二）国际金融市场波动加大

美元指数走强，其他主要货币出现贬值。2021年，美元指数从年初的90升至12月末的96。欧元、日元、英镑分别对美元贬值7.5%、10.4%和1.2%（见图1-4）。美元汇率走强一方面因为美国货币政策趋紧，市场预期美元利率上升，美元资产吸引力增强；另一方面也反映了全球经济增长前景不确定性加大，投资者避险需求增加。

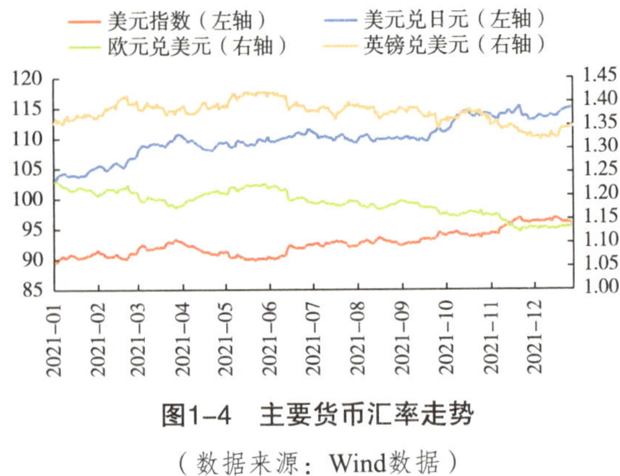

图1-4 主要货币汇率走势

（数据来源：Wind数据）

主要发达经济体国债收益率震荡上行。2021年，主要发达经济体国债收益率经历两轮上涨：第一季度，投资者增持周期性的风险资产，减持国债等安全资产，推动国债收益率上升；第四季度，主要发达经济体货币政策开始转向，市场预期利率上行，推升长期国债收益率。截至2021年末，美国、德国、英国和日本的10年期国债收益率较2020年末分别上升59、37、72和5个基点（见图1-5）。

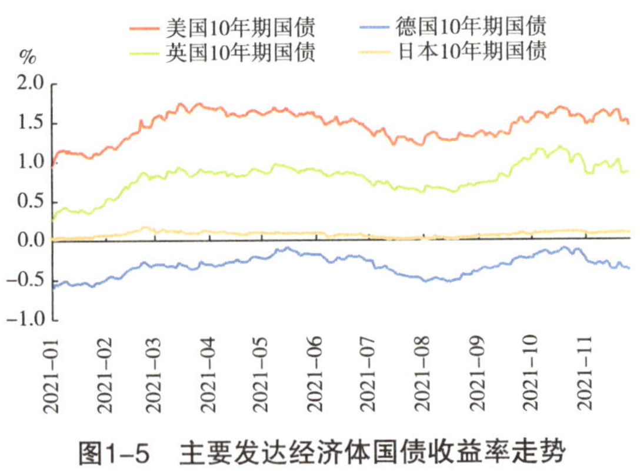

图1-5 主要发达经济体国债收益率走势

（数据来源：Wind数据）

全球股市走高、震荡加大。2021年，主要发达经济体的股市总体走强，但在疫情反弹、经济增长动能放缓、通胀超预期上行等因素影响下，市场波动增加（见图1-6）。美股在6月、9月和11月出现三波明显回调，幅度分别达到4.2%、4.5%和6.6%。

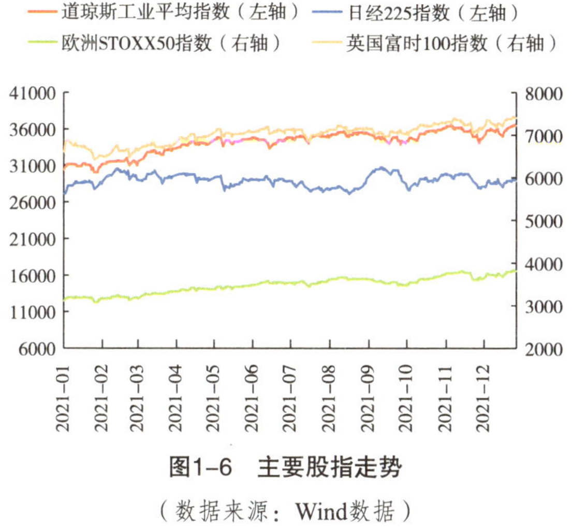

图1-6　主要股指走势

（数据来源：Wind数据）

大宗商品市场频现涨价潮。2021年，全球大宗商品经历三轮涨价：2月初至3月上旬，国际油价引领第一轮上涨；4月初至5月中旬，金属替代原油成为涨价主力，铁矿石等黑色金属涨价幅度最大，铜铝等有色金属其次，动力煤、焦煤、焦炭、大豆、玉米等价格也普遍上行；9月下旬至10月中旬，能源价格再度领涨，原油和天然气涨幅最大，动力煤、铜、铝、棉花等商品也明显涨价。2021年全年，伦敦布伦特原油期货和纽约轻质原油期货价格分别上涨53.82%和59.35%，伦敦金现货价格下降5.84%（见图1-7）。

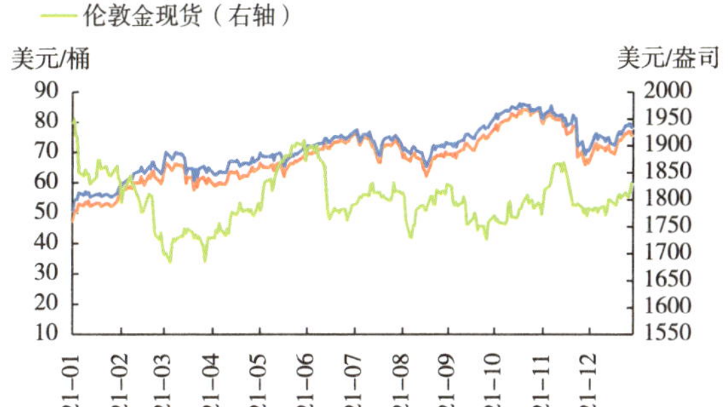

图1-7　国际黄金、原油价格走势

（数据来源：Wind数据）

（三）风险与挑战

2022年10月，国际货币基金组织（IMF）预测2022年全球经济增速为3.2%，同7月预测值保持不变；预测2023年全球经济增速为2.7%，较7月预测值下调0.2个百分点。其中，2022年和2023年发达经济体增速预计分别为2.4%和1.1%，新兴市场和发展中经济体增速预计均为3.7%。展望未来，全球经济可能面临以下风险与挑战。

新冠肺炎疫情和地缘政治风险是影响全球经济复苏的重要因素。新冠病毒不断变异，疫情形势存在不确定性。疫情的反复和地缘政治冲突会延缓经济复苏的节奏，拖累生产和供给能力的恢复，加剧全球经济的分化。

高通胀持续时间存在不确定性，货币政策调控面临挑战。受疫情冲击全球供应链、劳动力短缺引发“工资 价格”螺旋上升、大宗商品价格大幅上涨、发达经济体前期宽松的宏观经济政策等因素的影响，全球通胀持续走高。发达经济体的通胀压力明显高于预期，已经推动货币政策立场转变，货币政策需要在抑制通胀和支持经济复苏之间取得平衡，调控难度加大。

金融风险隐患加大。新冠肺炎疫情暴发以来，发达经济体资产价格快速上涨，美国主要股指屡创新高，衡量美国房价走势的凯斯—席勒房价指数同比涨幅一度超过20%，创近20年来最快增速。未来，疫情走势、经济复苏进展、通胀变化、地缘政治形势等都可能引发市场情绪变化，导致金融市场和资产价格出现大幅波动。部分经济体非金融企业部门债务负担较重，企业资产负债表改善仍不平衡，受疫情影响最严重的行业及中小企业的短期偿付能力和流动性风险较高。此外，在主要发达经济体货币政策收紧的背景下，跨境资本流动方向易变、波动加大，新兴市场经济体面临较大挑战。

二、国内宏观经济运行

2021年，面对复杂严峻的国际形势和艰巨繁重的国内改革发展稳定任务，我国沉着应对百年变局和世纪疫情，经济发展和疫情防控保持全球领先地位，构建新发展格局迈出新步伐，高质量发展取得新成效，产业链韧性和优势得到提升，改革开放向纵深推进，民生保障有力有效，实现“十四五”良好开局。

（一）经济增长持续恢复，产业发展韧性彰显

2021年，我国GDP为114.92万亿元，按可比价格计算，同比增长8.4%，各季度同比增速分别为18.3%、7.9%、4.9%和4.0%（见图1-8）。分产业看，第一产业增加值为8.32万亿元，同比增长7.1%；第二产业增加值为45.15万亿元，同比增长8.7%；第三产业增加值61.45万亿元，同比增长8.5%。从产业增加值占GDP比重看，第一产业为7.2%，较上年下降0.5个百分点；第二产业为39.3%，较上年提高1.5个百分点；第三产业为53.5%，较上年下降1.0个百分点。

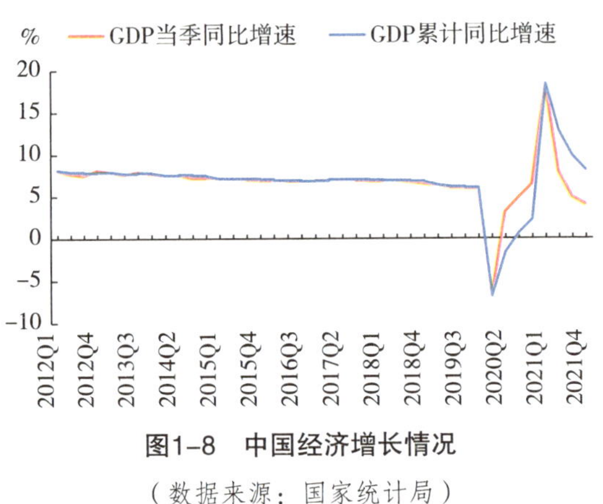

图1-8　中国经济增长情况

（数据来源：国家统计局）

（二）消费成为增长主要动力，国际收支总体平衡

2021年，固定资产投资（不含农户）54.45万亿元，同比增长4.9%，增速比上年提高2.0个百分点。社会消费品零售总额44.08

万亿元，同比增长12.5%，增速比上年提高16.4个百分点。货物进出口总额39.10万亿元，同比增长21.4%，增速比上年提高19.4个百分点。其中，出口21.73万亿元，同比增长21.2%；进口17.37万亿元，同比增长21.5%。进出口相抵，全年贸易顺差4.37万亿元（见图1-9）。需求结构改善，内需成为稳定经济增长的主要动力。2021年，最终消费支出对经济增长的贡献率为65.4%，比上年提高72.2个百分点；资本形成总额对经济增长的贡献率为13.7%，比上年下降67.8个百分点；货物和服务净出口对经济增长的贡献率为20.9%，比上年下降4.4个百分点。

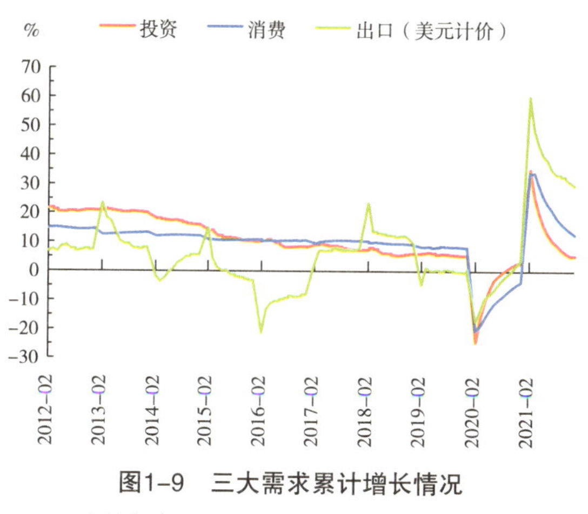

图1–9 三大需求累计增长情况

（数据来源：国家统计局，海关总署）

2021年，我国经常账户顺差3173亿美元，与同期GDP的比值为1.8%，比上年上升0.1个百分点；资本和金融账户逆差1499亿美元，其中非储备性质的金融账户顺差382亿美元，储备资产增加1882亿美元。2021年末，我国外汇储备余额3.25万亿美元，比上年末增加336亿美元，增长1.0%。

（三）CPI温和上涨，PPI上涨较快

2021年，CPI同比上涨0.9%，涨幅比上年回落1.6个百分点，各季度同比分别上涨0、1.1%、0.8%和1.8%。分类别看，食品价格下降1.4%，涨幅比上年回落12.0个百分点；非食品价格上涨1.4%，涨幅比上年提高1.0个百分点；消费品价格上涨0.9%，涨幅比上年回落2.7个百分点；服务价格上涨0.9%，涨幅比上年提高0.3个百分点。

2021年，工业生产者出厂价格指数（PPI）同比上涨8.1%，涨幅比上年提高9.9个百分点，各季度同比分别上涨2.1%、8.2%、9.7%和12.2%（见图1–10）。其中，生活资料价格小幅上涨0.4%，涨幅比上年回落0.1个百分点；生产资料价格上涨10.7%，涨幅比上年提高13.4个百分点。工业生产者购进价格指数（PPIRM）上涨11.0%，涨幅比上年提高13.3个百分点，各季度同比分别上涨2.8%、11.5%、13.7%和16.2%。

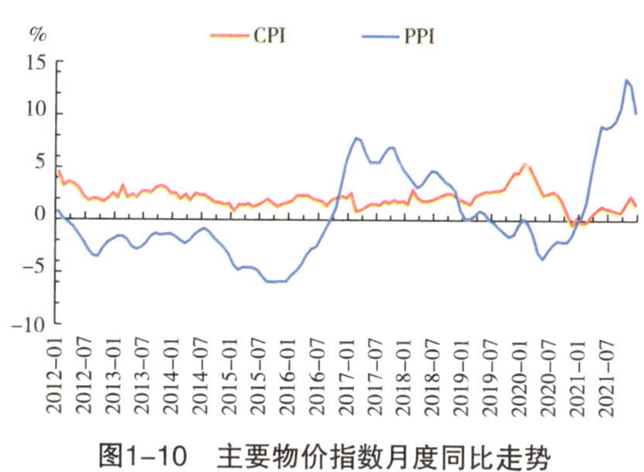

图1–10 主要物价指数月度同比走势

（数据来源：国家统计局）

（四）财政收入增速回升，重点领域支出保障有力

2021年，全国一般公共预算收入20.25万亿元，同比增长10.7%，增速比上年提高14.6个百分点。其中，中央一般公共预算收入9.15万亿元，同比增长10.5%，占全国一般公共预算收入的45.2%；地方一般公共预算本级收入11.1万亿元，同比增长10.9%，占全国一般公共预算收入的54.8%。从收入结构看，税收收入17.27万亿元，同比增长11.9%，占全国一般公共预算收入的85.3%；非税收入2.98万亿元，同比增长4.2%，占全国一般公共预算收入的14.7%。

全年全国一般公共预算支出24.63万亿元，同比增长0.3%，疫情防控、科技创新、基本民生、生态环保等重点领域支出得到有力保障。其中，中央一般公共预算本级支出3.50万亿元，同比下降0.1%；地方一般公共预算支出21.13万亿元，同比增长0.3%（见图1-11）。

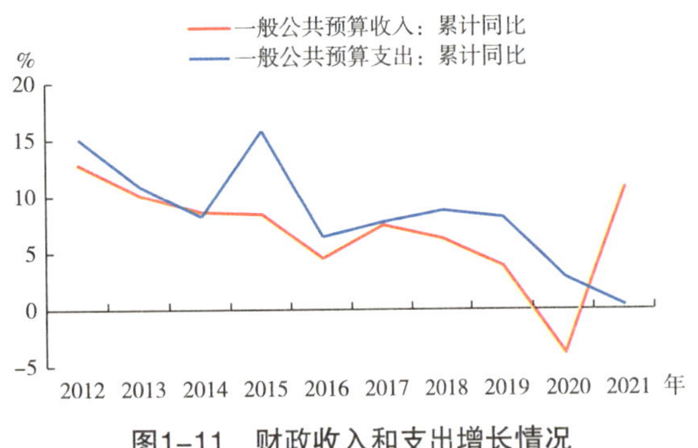

图1-11 财政收入和支出增长情况

（数据来源：财政部）

（五）工业企业利润有所好转

2021年，全国规模以上工业企业实现主营业务收入127.9万亿元，同比增长19.4%；主营业务成本107.1万亿元，同比增长19.1%；实现利润总额8.71万亿元，同比增长34.3%；主营业务收入利润率为6.81%，比上年提高0.76个百分点①。在41个工业大类行业中，32个行业利润总额比上年增加，9个行业比上年减少。

人民银行5000户工业企业调查结果表明，工业企业经营情况总体向好。从盈利看，样本企业主营业务收入和利润总额均保持较快增长。2021年，5000户工业企业主营业务收入同比增长15.3%，增速比2020年②上升15.7个百分点；两年平均增速为7.2%，比2019年上升4.0个百分点。利润总额同比增长39.6%，增速比2020年上升37.1个百分点；两年平均增速为19.6%，比2019年上升26.6个百分点。从资产周转看，样本企业存货周转率和总资产周转率比上年有所加快，营业周期有所缩短。2021年，5000户工业企业存货周转率为6.0次，比上年增加0.4次；总资产周转率为0.8次，比上年增加0.1次；营业周期为117.7天，比上年减少8.6天。从偿债能力看，样本企业资产负债率有所下降，偿债能力有所提升。2021年末，样本企业资产负债率为56.3%，比上年末下降1.6个百分点，流动比

① 根据国家统计局发布的信息，由于统计调查制度规定的调查范围变动、统计执法、剔除重复数据等因素，2021年规模以上工业企业财务指标增速及变化按可比口径计算。

② 由于样本企业调整、财务数据更新等原因，本书所用的2020年末数据均为最新的、经过调整后的数据，可能与上年报告中的数据存在一定差异。

率为114.7%，比上年末上升6.5个百分点；速动比率为89.0%，比上年末上升14.5个百分点（见图1-12）；利息保障倍数为8.7倍，比上年末上升2.7倍。

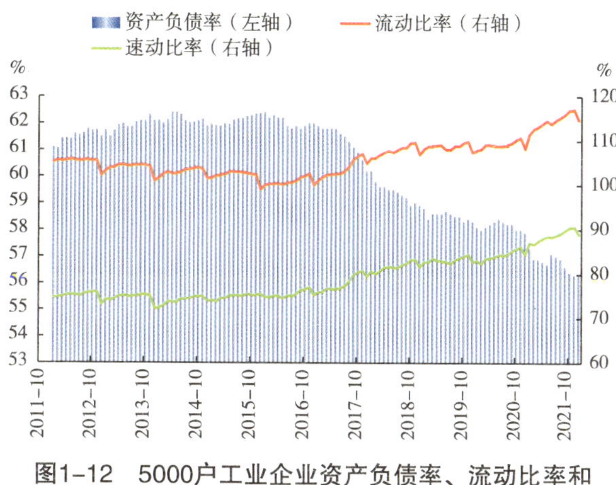

图1-12 5000户工业企业资产负债率、流动比率和速动比率

（数据来源：中国人民银行）

（六）就业形势总体稳定，城乡居民收入差距进一步缩小

2021年，城镇新增就业1269万人，比上年多增83万人，年末全国城镇调查失业率为5.1%，比上年降低0.1个百分点。全国居民人均可支配收入35128元，扣除价格因素实际增长8.1%，比上年提高6.0个百分点。其中，城镇居民人均可支配收入47412元，实际增长7.1%；农村居民人均可支配收入18931元，实际增长9.7%（见图1-13）。城乡居民人均收入倍差2.50，比上年缩小0.06。

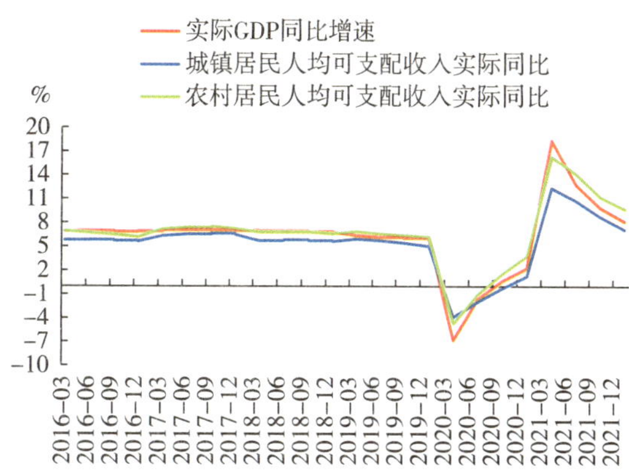

图1-13 城乡居民人均可支配收入与GDP增速

（数据来源：国家统计局）

三、展望

2022年，要继续以习近平新时代中国特色社会主义思想为指导，坚持稳中求进工作总基调，立足新发展阶段，完整、准确、全面贯彻新发展理念，加快构建新发展格局，全面深化改革开放，坚持创新驱动发展，推动高质量发展，坚持以供给侧结构性改革为主线，统筹疫情防控和经济社会发展，统筹发展和安全，继续做好“六稳”“六保”工作，持续改善民生，着力稳定宏观经济大盘，保持经济运行在合理区间。

继续保持宏观政策稳健有效。继续实施积极的财政政策和稳健的货币政策，保持政策连续性，增强有效性。积极的财政政策要提升效能，更加注重精准、可持续。要保证财政支出强度，加快支出进度。实施新的减税降费政策，强化对中小微企业、个体工商户、制造业、风险化解等的支持力度，适度超前开展基础设施投资。坚决遏制新增地方政府隐性债务。稳健的货币政策要灵活适度，保持流动性合理充裕。发挥货币政策工具的总量和结构双重功能，为实体经济提供更有力支持。引导金融机构加大对实体经济特别是小微企业、科技创新、绿色发展的支持。财政政策和货币政策要协调联动，跨周期和逆周期宏观调控政策要有机结合。政策发力适当靠前，及时动用储备政策工具，确保经济平稳运行。

继续加大金融对实体经济的有效支持。引导金融机构准确把握信贷政策，继续对受疫情影响严重的行业企业给予融资支持，避免出现行业性限贷、抽贷、断贷。推动金融机构降低实际贷款利率、减少收费，让广大市场主体切身感受到融资便利度提升、综合融资成本下降。发挥好政策性、开发性金融作用。强化中小微企业金融服务能力建设，提高中小微企业供应链融资可得性，推动完善中小微企业融资配套机制。继续巩固拓展脱贫攻坚成果，做好金融支持新型农业经营主体、农业农村基础设施建设等领域工作，引导金融机构创新专属金融产品和服务，更好满足涉农领域多样化融资需求。

深化金融改革，加快推进金融市场制度建设。坚持以强化公司治理为核心，深化大型商业银行改革，建立中国特色现代金融企业制度。继续推进开发性、政策性金融机构改革，更好发挥其在服务实体经济、服务国家战略方面的重要作用。加快农村信用社改革，完善省（自治区）农村信用社联合社治理机制，稳妥化解风险。以全面实行股票发行注册制为主线，深入推进资本市场改革，保护投资者合法权益。优化金融债券发行管理框架，加强信息披露要求和中介机构监管，持续落实违约处置机制建设各项成果，稳步推动债券市场更高水平的对外开放。稳步深化汇率市场化改革，增强人民币汇率弹性，保持人民币汇率在合理均衡水平上的基本稳定。稳妥实施好房地产金融审慎管理制度，更好满足购房者合理住房需求，促进房地产业良性循环和健康发展。大力发展绿色金融，推进绿色金融和转型金融标准体系建设，完善激励约束，发展多样化金融工具，继续深化绿色金融地方试点和国际合作，有力、有序、有效支持经济社会绿色低碳转型。

健全金融风险预防、预警、处置、问责制度体系，构建防范化解金融风险长效机制。进一步完善宏观审慎政策框架和治理机制，强化系统重要性金融机构和金融控股公司监管，提高系统性风险监测、评估与预警能力。加强和完善现代金融监管，提升监管协调效能，补齐制度短板。坚持规范与发展并重，依法加强对资本和平台企业的监管，完成大型平台企业专项整改，实施常态化监管。稳妥有序做好重点机构风险处置化解工作，坚决遏制各类风险反弹回潮。推动压实各方责任，建立健全地方党政主要领导负责的财政金融风险处置机制，形成风险处置合力。进一步发挥存款保险市场化处置平台作用，探索多种市场化、法治化方式，支持中小银行化解风险和补充资本。设立金融稳定保障基金，为重大金融风险处置积蓄后备资金。推动健全金融风险问责机制，对重大金融风险严肃追责问责，有效防范道德风险。

专题一　宏观杠杆率国际比较与分析

宏观杠杆率是衡量一国债务水平的重要指标，为防范化解金融风险、维护金融稳定提供了重要决策依据。2017年以来，我国宏观杠杆率增幅总体保持稳定，年均增长约4.8个百分点，比2012—2016年平均增幅低8.6个百分点。分阶段来看，2017—2019年宏观杠杆率总体稳定在253%左右，初步实现稳杠杆目标。2020年新冠肺炎疫情暴发后，杠杆率阶段性上升至280.2%，2021年下降至272.5%，总体增幅可控。

一、疫情以来我国杠杆率增幅相对可控

全球主要经济体宏观杠杆率快速上升。国际清算银行（BIS）最新数据显示，2021年末全部报告国（43个经济体）杠杆率比2019年末高18.3个百分点，是2010年以来的最高增幅。

全球债务总量创历史新高，主权债务风险突出。国际金融协会（IIF）最新数据显示，2021年全球债务总额达303万亿美元，创历史新高。部分发展中经济体由于抗疫能力有限、宏观政策空间不足等因素，经济恢复相对滞后，债务风险上升。2021年末，发展中经济体平均杠杆率比2019年高24.8个百分点，增幅超过发达经济体9.3个百分点。在全球抗疫能力分化、复苏进程分化和宏观政策分化的背景下，2022年全球债务风险可能上升，特别是部分发展中经济体债务负担和资本外流压力或将加剧，加速其主权债务风险暴露，这可能是未来影响全球金融稳定和经济增长的主要风险来源之一。

与主要经济体相比，我国杠杆率增幅相对可控。BIS数据显示，2021年末，美国（280.8%）、日本（419.9%）、欧元区（279.4%）杠杆率分别比2019年末上升25.7、39.5和21.4个百分点。同期我国杠杆率为272.5%，比2019年末上升16.5个百分点，增幅比美国、日本、欧元区分别低9.2、23.0和4.9个百分点。由此可见，疫情以来我国以相对较少的新增债务支持了经济较快恢复增长，宏观杠杆率增幅相对而言并不算高。

二、宏观杠杆率增幅可控的原因分析

疫情防控取得明显成效、国民经济持续恢复是宏观杠杆率企稳的关键所在。名义GDP是宏观杠杆率计算的分母，其增长快慢

对于杠杆率变化有重要影响。2020年疫情冲击下，我国经济增长一度明显放缓，导致宏观杠杆率出现阶段性上升，前三季度杠杆率增幅分别为14.1、7.4、4.1个百分点。随着我国率先控制疫情、率先复工复产、率先实现经济正增长，经济发展韧性不断增强，杠杆率水平企稳。2021年我国名义GDP同比增长12.8%，比上年加快10.1个百分点，增速快于全球主要经济体，宏观杠杆率明显下降，2020年第四季度至2021年第四季度杠杆率分别下降1.4、2.1、2.2、0.7和2.7个百分点，连续五个季度下降。

宏观政策以可控的债务增量稳住了经济基本盘。疫情发生后，稳健的货币政策更加灵活适度、精准导向，响应及时，2020年共推出9万多亿元货币支持措施，引导金融体系向实体经济让利1.5万亿元，实体部门获得感明显增强。同时财政政策更加积极有为，出台规模性纾困措施对冲疫情影响。同时，坚持实施正常的货币政策，不搞“大水漫灌”，2020年5月后货币政策逐步转向常态。2021年以来保持了前瞻性、连续性、稳定性，加大跨周期调节力度，继续为经济稳步恢复保驾护航。得益于此，我国非金融部门债务增长相对克制、可控，2021年总债务同比增长9.7%，增速比上年末低2.7个百分点，处于历史较低水平，比2009—2019年总债务增速平均值低约7.3个百分点。

总体来看，宏观政策协调配合得当，形成合力，稳住了经济大盘。货币政策始终聚焦服务实体经济，保持货币信贷平稳增长；持续推进贷款市场报价利率（LPR）改革，引导企业融资成本明显下降；注重提高精准性、直达性，分层次、有梯度地出台金融支持政策，发挥货币政策工具的总量和结构双重功能；财政政策提质增效，更可持续。此外，近年来金融风险攻坚战遏制了脱实向虚、盲目扩张的势头，金融改革稳步推进，金融服务增效提质。这些措施共同提升了金融服务实体经济的效率，有助于疫情以来我国以相对较少的新增债务支持经济较快恢复增长。

三、杠杆结构持续改善

（一）企业部门融资不断规范，杠杆率基本保持稳定

近年来，在持续获得融资支持的同时，企业部门杠杆率保持基本稳定，且杠杆结构持续优化。2017—2019年，随着稳杠杆政策的有序推进，企业部门杠杆率连续两年净下降，并稳定在152.2%左右。疫情暴发后，企业部门杠杆率阶段性上升至161.7%，2021年下降至153.7%。同时，企业部门债务结构不断优化。一是贷款、债券持续增长，有效支持实体经济融资需求。2021年末企业部门贷款、债券合计占企业部门总债务的86.8%，比2016年末高9.2个百分点。二是表外债务持续下降，有序释放潜在风险，为新增债务创造了空间。2021年末企业表外债务（如信托贷款、委托贷

款）与GDP之比较2016年末低19.3个百分点。

（二）政府负债率低于主要经济体，有力应对疫情影响

近年来，我国不断规范地方政府举债融资行为，2015—2019年，政府负债率保持总体稳定。2020—2021年，为积极应对新冠肺炎疫情等影响，在严控政府债务风险的前提下适当增加债务规模，保证了财政支出强度，对稳定宏观经济大盘、推动经济运行在合理区间发挥了重要作用。2021年我国政府负债率为47%，低于国际通行的60%警戒线，也显著低于美国、英国、法国、日本等主要经济体以及部分新兴市场经济体水平。

（三）住户部门杠杆率增幅稳定，债务结构不断优化

近年来我国住户部门杠杆率增幅稳定，2021年还实现净下降。我国住户部门杠杆率由2008年的18.2%上升至2020年的72.6%，这十二年的年均增幅为4.5个百分点，且历年增幅波动不大。2021年下降0.4个百分点，是2009年以来首次净下降。

住户部门债务结构不断优化。一是政策支持的个人普惠小微经营贷款增长较快，有力保障和改善民生。疫情发生以来，宏观调控政策突出保市场主体特别是个体工商户和小微企业主，创新实施直达机制，稳经营、保就业。2020、2021年，个人经营贷款增速由2019年的12.5%上升到19%以上。二是住房类贷款增速总体放缓。2018年第一季度以来，住房类贷款增速总体逐步放缓。2021年，住房类贷款同比增长10.9%，比上年低3.0个百分点，比同期居民债务整体增速低1.3个百分点。

专题二　扎实推动企业汇率风险管理

推动企业汇率风险管理，是当前做好"六稳""六保"工作特别是稳外贸、保市场主体的重要举措，也是进一步完善人民币汇率市场化形成机制的基础性工作。近年来，人民银行、外汇局根据党中央、国务院决策部署，持续深化国内外汇市场发展、改革与开放，促进外汇市场更好服务加快构建新发展格局，强化对中小微企业的支持力度，加强汇率风险中性理念宣传引导，探索完善汇率避险成本分摊机制，帮助企业更好提升汇率风险管理能力，维护外汇市场基本稳定。

一、企业汇率风险管理关系外汇市场稳定和发展

企业汇率风险管理不仅事关企业正常生产经营，也对外汇市场稳定具有重要影响。微观层面上，涉外企业在国际贸易、金融活动中，会产生以外币计价的收付款项等资产或负债，汇率变动既可能带来汇兑盈利，也可能带来汇兑损失。企业若不能有效管理外汇风险敞口，可能会加大利润波动性，不利于企业长期稳健经营甚至衍生重大经营风险。宏观层面上，企业越是管不好汇率风险，就越担心汇率波动，一旦汇率在企业账期内向不利方向波动，触发企业承受底线，则易引发"追涨杀跌"的顺周期非理性行为，从而进一步放大外汇市场单边波动，影响外汇市场稳定。

有效管理外汇风险是国内外企业稳健经营的普遍实践，也是深化改革的客观要求。1994年以来，人民币汇率形成机制不断完善，逐步形成了以市场供求为基础、参考一篮子货币进行调节、有管理的浮动汇率制度。当前和今后一段时期，我国经济基本面长期向好的格局没有改变，人民币汇率有望继续在合理均衡水平上保持基本稳定。随着市场供求在人民币汇率形成中起决定性作用，国内外宏观经济走向和市场预期变化等因素成为影响人民币汇率短期走向的重要因素，人民币汇率双向波动、弹性增强已成为常态。这对外汇市场参与主体提出更高要求，过度依赖预测汇率涨跌替代汇率风险管理已不是长久之策。动态看待汇率波动，树立汇率风险中性理念，科学使用汇率避险工具有效管理外汇敞口，是涉外企业聚焦主业、稳健经营的重要保障。

二、外汇市场支持企业汇率风险管理的条件不断成熟

2021年，我国外汇市场交易量达36.9万亿

美元，较2005年增长近27倍。国际清算银行2022年调查显示，目前中国外汇市场是全球第十大市场，人民币是全球外汇市场第五大交易货币，外汇市场的健康有序发展夯实了服务涉外经济主体管理汇率风险的基础。

外汇市场产品日益丰富。目前我国外汇市场已具备即期、远期、掉期、期权等国际成熟产品体系，能够满足市场主体多样化的汇兑和汇率避险保值需求。银行间外汇市场的可交易货币由2005年前的美元、欧元、日元、港元、英镑5种外币扩大至29种发达和新兴市场经济体货币。银行柜台外汇市场的挂牌货币超过40种，基本涵盖了我国跨境收支的结算货币。

外汇市场基础设施提质增效。目前银行间市场已具有国际市场主流和多元化的交易清算机制，交易模式可选择集中竞价、双边询价和双边授信下集中撮合三种电子交易模式以及货币经纪公司的声讯经纪服务，清算方式可选择双边清算或中央对手集中清算。同时，交易后确认、冲销、报告等业务也广泛运用于银行间市场，提升了市场运行效率和风险防控能力。

外汇市场参与主体点多面广。截至2021年末，具有即期结售汇和衍生品业务资格的银行分别为515和124家，可对境内外机构和个人提供人民币对外汇交易，有效满足市场主体的真实合理外汇需求。银行间外汇市场已形成境内外各类机构并存、以境内银行为主的格局，参与机构总计764家，其中非银行金融机构112家。

外汇市场对外开放持续推进。随着金融市场对外开放和人民币国际化稳步推进，境外央行、人民币业务清算行、人民币购售业务参加行等境外机构有序进入境内市场。截至2021年末，共有131家境外机构成为银行间外汇市场会员。同时，为更好吸引国际投资者进入境内资本市场，允许银行间债券市场境外投资者参与境内外汇衍生品市场，为“债券通”、合格境外机构投资者（QFII）、人民币合格境外机构投资者（RQFII）等境外投资者提供配套汇率避险服务，外汇市场与债券市场、股票市场对外开放形成良性互动。

三、需进一步提升企业汇率风险管理水平

引导企业转变汇率风险管理的观念和方式。有的企业持有较大的外汇风险敞口，但不做套期保值或套期保值比例较低，需要进一步强化汇率风险中性意识。有的企业风险管理短期化，应对汇率波动较为被动，通常在汇率波动加剧时才重视汇率风险管理，需要建立适合自身业务特点的避险制度。有的企业套保比例根据对汇率走势的主观预判而起伏不定，不能坚持“保值”策略，需要进一步明确外汇套保目标。有的企业将远期锁汇汇率与到期日即期汇率做比较，考评套保是“亏”还是“赚”，并以此作为财务管理

的业绩考核依据，需要建立风险中性的科学考核评价方式。

帮助中小微企业提升外汇风险管理水平。一方面，中小微企业自身存在一些困难。除了汇率风险管理意识不充分、对外汇衍生品不熟悉、担心亏损增加财务成本等共性因素之外，部分中小微企业自身还面临一些困难：经营规模有限，整体上抵御风险能力不强，对汇率波动更加敏感；缺乏标准的财务管理制度、完善的汇率风险评估机制以及专业的外汇业务人员，避险策略通常依赖于企业负责人的主观判断而非科学决策；资金体量较小、规模不经济，且存在一定违约风险，增加了套保成本。另一方面，部分银行服务相对薄弱。一是授信和保证金是国内外衍生品交易通行的风控做法，但中小微企业授信资源紧张，可用抵押资产及闲置资金少，外汇套保意愿较低。二是银行在风险偏好上更倾向于服务低风险、规模大的客户，叠加银行基层一线衍生品专业人员稀缺，因此对中小微企业外汇套保的服务意愿较弱。三是中小微企业数量多、分布广，但大中型银行的基层网点收缩上移，城商行、农商行、农信社衍生品业务又相对薄弱，银行对中小微企业的服务半径不足。

四、抓住关键环节更好服务企业汇率风险管理

加大政策供给力度。一是外汇局发布《关于进一步促进外汇市场服务实体经济有关措施的通知》，丰富外汇市场产品，扩大合作办理外汇衍生品业务范围，支持外汇交易中心完善银企服务平台，完善外汇市场基础设施建设，支持银行管理自身汇率风险。二是人民银行、外汇局联合发布《关于做好疫情防控和经济社会发展金融服务的通知》，完善企业汇率风险管理制度。三是商务部、人民银行、外汇局联合发布《支持外经贸企业提升汇率风险管理能力的通知》，明确用好外经贸发展专项资金，提供汇率避险公共服务，鼓励银行、担保机构让利实体经济，降低企业特别是中小微企业避险成本，有条件的地方可探索通过专项授信、数据增信、公共保证金等方式，减少企业授信占用和资金占压。

降低中小微企业外汇套保综合成本。为减轻中小微企业流动性压力，相关部门和地方政府联合推出一系列减费让利惠企举措，探索完善汇率避险成本分摊机制。一是降低交易手续费。外汇交易中心免收2022—2023年中小微企业外汇衍生品交易相关的银行间外汇市场交易手续费，预计2022年免收手续费超1100万元，对应约2.3万亿元的中小微企业外汇套保规模。二是设立保证金资金池。由相关部门在银行设立保证金公共资金池，集中分担企业外汇衍生品保证金额度，银行冻结相应保证金额度，交易完成后解冻归还。三是引入担保公司。鼓励融资担保公司为中小微企业提供全额或部分履约担保，企

业免交保证金、免支付担保费。四是引入保险公司分摊风险。鼓励保险公司为中小微企业办理授信保证保险，在保单赔偿额度内对企业不履约造成的损失进行赔付，减轻中小微企业资金负担。

优化外汇套保线上交易机制。一是外汇交易中心持续拓展银企外汇交易服务平台系统功能，丰富交易品种，新增货币掉期、期权及期权组合，新增银行线上审核单证功能。二是商业银行充分利用外综服平台的广泛客源优势和大数据审核机制，向中小微企业提供批量优惠价格，减免企业保证金，降低企业外汇套保成本，覆盖传统金融服务盲区，提升金融资源配置效率。三是部分地区外汇自律机制搭建外汇衍生品银企对接公共服务平台，丰富银企对接渠道，精准服务企业合理避险需求。

加强汇率风险中性理念宣传引导。外汇局发布《企业汇率风险管理指引》，详细介绍汇率风险中性理念、汇率风险管理要义、人民币外汇衍生品、企业汇率避险服务和套期保值会计制度等内容，为涉外企业建立行之有效的汇率风险管理机制提供有益参考。同时，充分利用新闻发布会、新闻媒体、银行网点等渠道进行宣传，发布包括汇率避险案例、外汇衍生品介绍等宣传材料，加大企业走访力度，开展“一企一策”上门调研宣传，为企业开展专项培训，持续引导企业坚持汇率风险中性，做好汇率风险管理。

在各方共同努力下，我国市场主体汇率风险防范意识显著增强，企业汇率风险管理水平稳步提升。2021年，企业利用远期、期权等外汇衍生品管理汇率风险的规模同比增长59%，企业套保比率同比上升4.6个百分点至21.7%。展望未来，我国外汇市场发展潜力大、韧性强，各方面政策措施逐步形成合力，将为企业管理汇率风险提供更好的支持条件，外汇市场将更有效地服务实体经济发展。

专题三　健全宏观审慎政策框架

为贯彻落实党中央、国务院关于加强宏观审慎管理的重要部署，2021年12月，人民银行发布《宏观审慎政策指引（试行）》（以下简称《指引》），初步明确了我国宏观审慎政策框架总体原则和整体思路。下一步，人民银行将以《指引》为基础，不断完善我国宏观审慎政策体系，逐步将主要金融活动、金融市场、金融机构和金融基础设施纳入宏观审慎管理，切实提高系统性金融风险防范能力。

一、《指引》出台的背景和主要思路

制定并出台《指引》是贯彻落实党中央、国务院部署的重要举措。宏观审慎政策具有"宏观、逆周期、防传染"的视角，在防范化解系统性金融风险方面发挥着重要作用。2017年，第五次全国金融工作会议重点提出宏观审慎管理理念，强化了人民银行宏观审慎管理和系统性风险防范职责，要求人民银行牵头建立宏观审慎管理框架。党的十九大报告明确提出要"健全货币政策和宏观审慎政策双支柱调控框架"。这是党中央、国务院基于我国国情并深刻总结2008年国际金融危机教训作出的重要部署。为做好贯彻落实，人民银行立足我国实际，结合国际经验制定出台了《指引》，以健全我国宏观审慎政策框架，防范化解系统性金融风险。近年来，国际组织和各国也普遍就建立健全宏观审慎政策框架开展了广泛实践。

《指引》重在阐明人民银行健全宏观审慎政策框架、完善宏观审慎治理机制的思路及原则。宏观审慎政策的理念和实践属于新领域，各界对宏观审慎政策的认识仍在持续深化，包括宏观审慎政策要干什么、怎么干以及其与其他宏观调控政策之间的关系等，主要经济体的实践也还在不断发展。切实发挥宏观审慎政策在防范系统性金融风险方面的重要作用，需要做好宏观审慎政策的顶层设计，搭建好基本框架并增强透明度，为具体开展宏观审慎管理工作打好基础，推动宏观审慎政策可理解、可落地、可操作。《指引》明确了建立健全我国宏观审慎政策框架的要素，阐述了我国开展宏观审慎管理的思路、原则及框架，有利于增强市场主体对宏观审慎政策的认识和理解，在系统性风险防范方面凝聚共识、加强统筹协调，进一步夯实防范化解系统性金融风险的基础。

二、《指引》主要内容

《指引》系统阐述了宏观审慎政策框架的主要内容，即政策目标、系统性金融风险评估、宏观审慎政策工具、传导机制和治理机制等五方面，给出了相关概念的内涵及外延。

（一）厘清宏观审慎政策相关概念

一是阐述了宏观审慎政策框架及系统性金融风险的定义。宏观审慎政策框架指包括宏观审慎政策目标、风险评估、政策工具、传导机制与治理机制等在内的一整套体系的总称，是确保宏观审慎政策有效实施的重要机制建设。系统性金融风险是指可能对正常开展金融服务产生重大影响，进而对实体经济造成巨大负面冲击的金融风险。

二是明确了宏观审慎管理工作机制。人民银行为宏观审慎管理牵头部门，在金融委统筹指导下，会同相关部门履行宏观审慎管理职责，推动完善治理机制，建立框架和基本制度。

三是说明了宏观审慎政策实施对象。宏观审慎政策适用于依法设立的、经国务院金融管理部门批准从事金融业务或提供金融服务的机构，以及可能积聚和传染系统性金融风险的金融活动、金融市场、金融基础设施等。

（二）阐述宏观审慎政策框架的具体内容

一是明确宏观审慎政策目标。即防范系统性金融风险，尤其是防止系统性金融风险顺周期累积以及跨机构、跨行业、跨市场和跨境传染，提高金融体系韧性和稳健性，降低金融危机发生的可能性和破坏性，促进金融体系的整体健康与稳定。

二是概述宏观审慎政策主要应对的系统性金融风险类别及监测评估机制。根据系统性金融风险主要来源，系统性金融风险可分为时间和结构两个维度。前者一般由金融活动的一致行为引发并随时间累积，主要表现为金融杠杆的过度扩张或收缩，由此导致风险顺周期的自我强化、自我放大；后者一般由特定机构或市场的不稳定引发，通过金融机构、金融市场、金融基础设施间的相互关联等途径扩散，表现为风险跨机构、跨部门、跨市场、跨境传染。及时、准确识别系统性金融风险是实施宏观审慎政策的基础。宏观审慎管理牵头部门将根据系统性金融风险的特征，建立健全系统性金融风险监测和评估框架。监测重点包括宏观杠杆率，政府、企业和家庭部门的债务水平和偿还能力，具有系统重要性影响和较强风险外溢性的金融机构、金融市场、金融产品和金融基础设施等。

三是明确宏观审慎政策可包含的主要工具，规定工具的启用、校准和调整流程。宏观审慎政策采用一些与微观审慎监管类似的工具，例如对资本、流动性、杠杆率等提出要求，但两类工具的视角、针对的问题和采取的调控方式不同，可以相互补充，而不是替代。宏观审慎政策工具用于防范系统性金融风险，具有“宏观、逆周期、防传染”的基本属性，主要是在既有微观审慎监管要求之上提出附加要求，以提高金融体系应对顺周期波动和防范风险传染的能力。针对不同类型的系统性金融风险，宏观审慎政策工具可按照时间维度和结构维度两种属性划分，也有部分工具兼具两种属性。宏观审慎政策工具的使用一般包括启用、校准和调整三个环节。根据系统性金融风险累积程度，适时启用和调整宏观审慎政策工具，在工具启用后开展动态评估，并根据评估结果对宏观审慎政策工具进行校准。

四是明确宏观审慎政策治理机制。良好的治理机制可以为健全宏观审慎政策框架和实施宏观审慎政策提供制度保障。宏观审慎管理牵头部门将会同相关部门推动形成适合我国国情的宏观审慎政策治理机制，并根据具体实践不断完善。包括根据系统性金融风险涉及的领域、职责分工等，讨论、制定宏观审慎政策工具使用决策；组织实施所辖领域的宏观审慎管理工作，并对宏观审慎政策执行情况进行监督和管理；跟踪评估宏观审慎政策工具实施效果，将评估结果以适当形式向社会披露等。

（三）提出宏观审慎政策实施所需的支持保障，阐释宏观审慎政策与其他政策的协调配合

一是宏观审慎管理牵头部门推动开展宏观审慎政策执行所需要的数据采集与共享、系统建立与维护、制度和规则的制定与完善、部门间协调配合及应急机制建立等保障措施。二是宏观审慎管理牵头部门组织会同相关部门建立宏观审慎工作协调机制，加强宏观审慎政策与货币政策、微观审慎监管、其他政策之间的协调配合，促进形成政策合力。

三、下一步推动宏观审慎管理的工作考虑

人民银行将按照党中央、国务院的部署，按照《指引》构建的总体框架，认真履行宏观审慎管理牵头职责，会同各相关部门，统筹好发展与安全的关系，结合宏观审慎政策在我国的具体实践和形势发展需要，不断完善宏观审慎政策框架，强化系统性金融风险监测、评估和预警，丰富和优化宏观审慎政策工具，探索完善宏观审慎政策治理机制，加强系统重要性金融机构和金融控股公司监管，做好宏观审慎政策与其他政策的协调配合，推动宏观审慎政策落地见效，切实提高我国系统性金融风险防范化解能力。

专题四　资产管理行业如期完成过渡期整改任务

2018年4月，人民银行会同银保监会、证监会、外汇局联合发布《关于规范金融机构资产管理业务的指导意见》（以下简称资管新规），并在此框架下不断完善配套制度，稳步推动金融机构资管业务规范转型。随着2021年底资管新规过渡期的结束，整改工作取得显著成效，多层嵌套、资金空转等乱象得到遏制，资管行业呈现稳健发展态势，服务实体经济质效不断提升。下一步，人民银行将会同相关部门，继续保持战略定力，巩固前期治理成果，推动资管新规全面落地见效，使资管行业始终坚守直接融资本源，助推经济高质量发展。

一、建立健全资管整改协调机制

加强整改工作协调，形成监管合力。资管新规发布后，人民银行会同银保监会、证监会、外汇局联合印发金融机构资管产品统计制度和统计模板，自2019年1月起正式采集数据，实现了银行业、证券业、保险业金融机构资管产品统计的全覆盖。同时，人民银行会同银保监会、证监会、外汇局建立资管业务整改工作联络协调机制，统筹推进配套规则制定、整改进展监测、风险研判应对、行业信息共享等工作。

及时评估政策影响，审慎把握整改节奏。2018年7月，人民银行与银保监会、证监会共同研究后发布《关于进一步明确规范金融机构资产管理业务指导意见有关事项的通知》，明确过渡期内有关产品估值方法等要求，确保平稳过渡，为实体经济创造健康的货币金融环境。2020年7月，面对新冠肺炎疫情冲击，人民银行会同银保监会、证监会等部门评估资管新规的实施效果及存量资产整改面临的实际困难，经国务院同意，延长资管新规过渡期至2021年底，并允许将难以在过渡期内整改完成的资产纳入个案处理。过渡期延长后，金融监管部门要求金融机构重新调整上报整改计划，锁定2019年12月末的不合规产品和存量资产，通过自然到期、新产品或老产品承接、市场化转让、回归银行表内等方式稳步压降。

制定完善配套细则，提供更为明确的规范指引。人民银行会同银保监会、证监会、外汇局联合发布《标准化债权类资产认定规则》，明确标准化和非标准化债权类资产（以下简称非标资产）的界限、认定标准及监管安排。银保监会出台《商业银行理财业务监督管理办法》《商业银行理财子公司管理办法》《保险资产管理产品管理暂行办法》等，与人民银行联合发布规范现金管理类理财产品管理有关事项的通知。证监会出台《证券期货经营机构私募资产管理业务管理办法》《证券期货经营机构私募资产管理计划运作管理规定》《证券公司大集合资产管理业务适用〈关于规范金融机构资产管理业务的指导意见〉操作指引》等。外汇局支持银行理财子公司承继母银行合格境内机构投资者（QDII）额度，开展代客境外理财业务，明确管理方式，积极促进银行理财业务转型。发展改革委会同人民银行、财政部、银保监会、证监会、外汇局联合印发《关于进一步明确规范金融机构资产管理产品投资创业投资基金和政府出资产业投资基金有关事项的通知》，适度放开资管产品投资两类基金的嵌套层级限制，引导更多社会资金支持科技创新。财政部印发《资产管理产品相关会计处理规定》，从资管产品持有投资应当适用的准则、金融资产的分类、减值及公允价值计量、管理人报酬等方面，细化相关规定，统一会计核算，为资管产品净值生成提供良好基础。

二、资管业务平稳有序规范整改

存量资产处置按计划顺利进行。过渡期内，银行理财、资金信托、证券基金期货经营机构私募资管、保险资管等涉及不合规资管产品存量资产处置合计约53万亿元。

资管业务逐步脱离“影子银行”属性，回归直接融资本源。嵌套和通道业务大幅压降，截至2021年12月末，银行同业理财、金融同业通道信托业务、证券基金期货经营机构私募资管通道业务规模较资管新规发布之前分别下降98%、90%、96%。产品净值化和资产标准化趋势明显，截至2021年12月末，净值型产品募集余额占全部资管产品募集余额的84.4%，较2018年12月末提高37.9个百分点，其中银行理财产品的净值化比例提高65.3个百分点；资管产品投资贷款、资产收益权、票据等非标资产的规模占资管产品净资产的13.3%，较2018年12月末下降11.6个百分点。同时，银行理财子公司加快设立以强化风险隔离。截至2021年12月末，已有25家银行理财子公司获批筹建（20家已开业运行），另有4家外资控股理财公司获批设立（2家已开业）。

资管市场总体运行平稳，杠杆率等风险指标持续改善。截至2021年12月末，直接汇总的金融机构资管产品资产规模合计97.5万亿元，剔除产品之间的交易后合计80.9万亿元，较2018年12月末增加14.6万亿元。从主要风险指标看，截至2021年12月末，资管产品平均负债杠杆率①为106.9%，分级杠杆率②为100.7%，较2018年12月末分别下降1.3个百

① 平均负债杠杆率=总资产/权益合计。
② 分级杠杆率=总实收本金/劣后级实收本金。

分点和2.3个百分点；按剩余期限计算的资管产品短期负债与短期资产之比为153.7%，较2018年12月末下降14.3个百分点，期限错配风险持续降低。

刚性兑付的行业生态逐步改善，“卖者尽责、买者自负”的理念不断强化。随着产品净值化转型步伐的加快，投资者对资管产品刚性兑付的预期逐步减弱。同时，打破刚性兑付的法治环境逐步改善。2019年11月，最高人民法院印发《全国法院民商事审判工作会议纪要》，基于“注意处理好民商事审判与行政监管的关系”原则，在第92条中对保底和刚性兑付条款作出无效规定，成为实践中判定资管产品刚性兑付承诺无效的重要依据。

资管行业在风险收敛的基础上，加大对实体经济的支持力度。截至2021年12月末，资管产品通过投资非金融企业债券、股票等直接配置到实体经济的资产余额合计38.6万亿元，较2018年12月末增加1.4万亿元。同时，资管产品继续加大金融债券和同业存款、存单等资产投资，最终通过表内信贷和债券投资等投向实体经济。

三、持续巩固影子银行治理成效

继续加强资管行业监管协调。凝聚监管合力，稳步推进个案资产、不合规现金管理类理财产品存量资产整改，加强行业运行信息和风险信息共享，优化产品统计支持穿透监管。对于仍然存在的监管差异问题，遵循功能监管理念，加强市场调研和风险评估，在尊重客观差异的同时促进同类产品监管标准、行为准则的一致性。

持续强化高风险影子银行业务监管。对于存在多层嵌套、资金空转、刚性兑付、监管套利等行为的资管业务，加大违规处罚力度。通过非现场监测和现场检查，督促金融机构严格遵守持牌经营、流动性管理、投资层级、杠杆率、集中度等审慎监管要求。加强对各类创新型资管产品的跟踪剖析，及时评估市场影响，做好风险警示，防止影子银行风险改头换面、卷土重来。

不断完善资管行业监管制度体系。在强化微观审慎监管要求的同时，完善宏观审慎政策工具，从跨周期、跨市场的角度加强监测、评估和调节。将机构监管与功能监管有效结合，不断强化共识，统一同类产品的监管规则，抑制监管套利，促进公平竞争。完善资管业务行为监管体系，健全以信义义务为核心的资管产品发行、销售、信息披露等行为规则，持续开展投资者教育，加大对违法违规行为的处罚力度，切实保护投资者合法权益。

第二部分

金融业稳健性评估

2021年，面对复杂严峻的国内外经济金融形势，我国金融业总体稳健运行，金融机构资产负债规模平稳增长，资本充足水平稳中有升，盈利能力基本稳定，金融市场运行总体平稳。

一、银行业稳健性评估

资产负债规模平稳增长。截至2021年末，银行业金融机构资产总额344.76万亿元，同比增长7.82%，增速比上年下降2.26个百分点；负债总额315.28万亿元，同比增长7.56%，增速比上年下降2.66个百分点（见图2-1）。

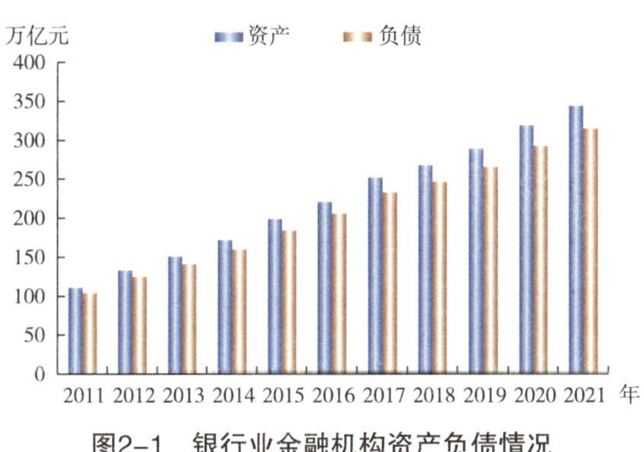

图2-1　银行业金融机构资产负债情况

（数据来源：中国银保监会）

存贷款规模保持平稳增长。截至2021年末，金融机构本外币各项存款余额238.61万亿元，同比增长9.3%，增速比上年下降0.93个百分点；金融机构本外币各项贷款余额198.51万亿元，同比增长11.3%，增速比上年下降1.21个百分点（见图2-2）。

图2-2　银行业金融机构人民币信贷变化情况

（数据来源：中国人民银行、国家统计局）

盈利能力基本稳定。2021年，银行业金融机构实现净利润2.51万亿元，同比上升10.21%。银行业金融机构净息差1.95%，比上年下降0.03个百分点；非利息收入占比22.19%，同比下降0.5个百分点。截至2021年末，银行业金融机构资产利润率0.76%，同比上升0.01个百分点，资本利润率8.94%，同比持平，银行业金融机构盈利能力整体稳定。

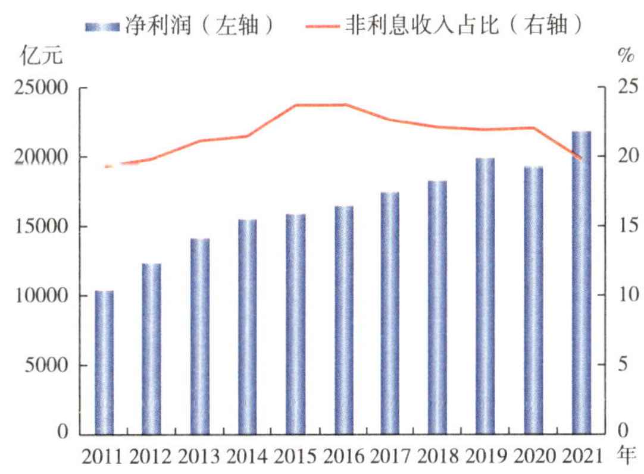

图2-3　银行业金融机构净利润和非利息收入占比变化趋势

（数据来源：中国银保监会）

资本充足水平稳中有升。截至2021年末，商业银行核心一级资本充足率为

10.78%，同比上升0.06个百分点；一级资本充足率为12.35%，同比上升0.32个百分点；资本充足率为15.13%，同比上升0.43个百分点，资本整体较为充足（见图2-4）。

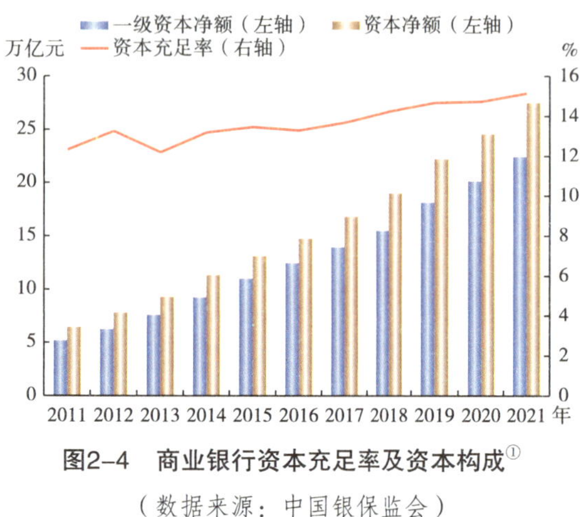

图2-4 商业银行资本充足率及资本构成[①]

（数据来源：中国银保监会）

流动性整体保持在合理充裕区间。截至2021年末，商业银行流动性比例为60.32%，同比上升1.90个百分点；流动性缺口率为6.82%，同比上升0.71个百分点。资产规模在2000亿元以上的商业银行流动性覆盖率为145.30%，同比下降1.17个百分点；净稳定资金比例为122.50%，同比上升0.61个百分点。

不良贷款有所增长，资产质量下迁压力较大。截至2021年末，银行业金融机构不良贷款余额3.63万亿元，同比增加1534亿元，不良贷款率为1.80%，同比下降0.12个百分点。其中，商业银行不良贷款余额2.85万亿元，同比增加1455亿元；不良贷款率1.73%，同比下降0.11个百分点。银行业金融机构关注类贷款余额5.54万亿元，同比减少748亿元，降幅达1.33%，资产质量下迁压力较大（见图2-5）。此外，逾期90天以上贷款余额2.84万亿元，同比增加1945亿元，增幅达7.36%；逾期90天以上贷款余额与不良贷款余额比值78.18%，同比上升2.15个百分点。

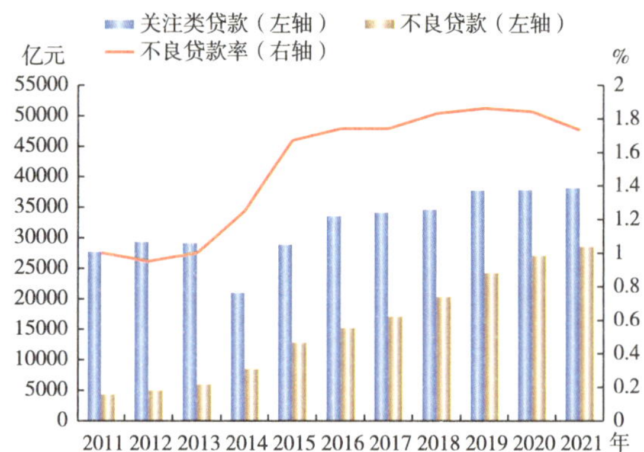

图2-5 银行业金融机构关注类贷款及不良贷款变化情况

（数据来源：中国银保监会）

银行业风险抵补能力较强。截至2021年末，银行业金融机构贷款损失准备余额7.13万亿元，同比增加7997亿元，增幅达12.63%；拨备覆盖率196.57 %，同比上升14.34个百分点；贷款拨备率3.54%，同比上升0.05个百分点。

二、保险业稳健性评估

保险业资产平稳增长，保险密度上升，

① 2013年开始，资本充足率按照《商业银行资本管理办法（试行）》计算。

保险深度下降。截至2021年末，保险业总资产24.89万亿元，同比增长11.51%[①]，增速较上年下降1.78个百分点（见图2-6）。其中，人身险公司总资产21.39万亿元，同比增长12.41%；财产险公司总资产2.45万亿元，同比增长5.99%；再保险公司总资产6057亿元，同比增长22.22%。保险密度和保险深度分别为3179元和3.93%，较上年分别增加122元和下降0.3个百分点，与同期874美元和7.0%的全球平均水平相比，仍存在较大差距。

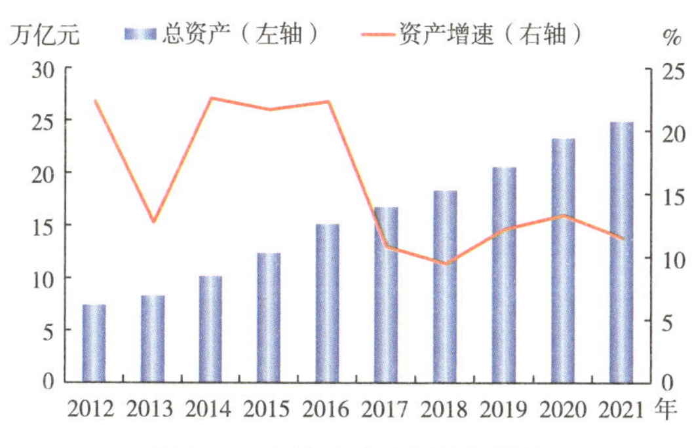

图2-6　保险业总资产及增速

（数据来源：中国银保监会）

市场集中度略有上升。2021年，前五大人身险公司[②]保费市场份额为51.40%，比上年上升0.75个百分点；人身险赫芬达尔指数[③]为0.079，比上年略有上升。前五大财产险公司[④]保费市场份额为74.36%，比上年微升0.47个百分点；财产险赫芬达尔指数为0.168，比上年略有上升。

资产配置基本稳定，投资收益率有所下降。截至2021年末，保险业资金运用余额23.23万亿元，同比增长12.15%，增速较2020年下降4.87个百分点。资产配置中，银行存款、股票和证券投资基金占比下降，债券、其他投资占比上升（见表2-1）。2021年保险业投资收益下降至10125亿元，同比下降10.40%；资金运用平均收益率4.61%，同比下降1.2个百分点，低于10年平均收益率5.30%（见图2-7）。

表2-1　　保险资金运用情况（截至2021年末）

投资结构	银行存款	债券	股票和证券投资基金	其他投资
规模（亿元）	26179	90683	29505	85913
占比（%）	11.27	39.04	12.70	36.99
同比变动（个百分点）	-1.00	1.55	-0.75	0.20

① 因部分机构目前处于风险处置阶段，汇总数据口径不包括这部分机构，同比变动按可比口径计算，下同。

② 前五大人身险公司包括：中国人寿、平安寿险、太保寿险、新华人寿、泰康人寿。

③ 赫芬达尔指数（HHI）是行业内所有机构市场份额的平方和。HHI值越高，说明市场集中度越高。

④ 前五大财产险公司包括：人保财险、平安产险、太保产险、中国人寿财险公司、中华财险。

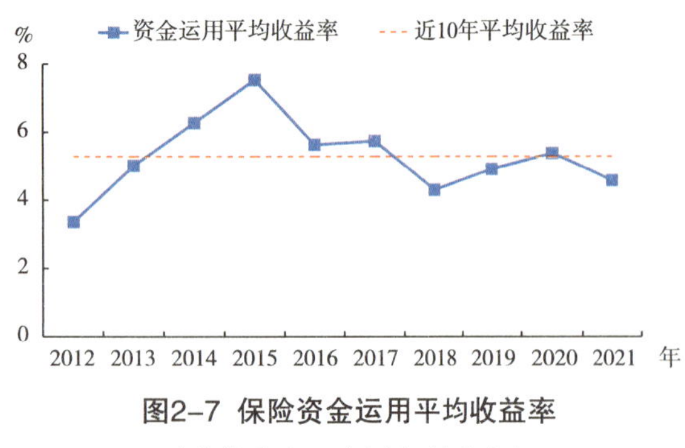

图2-7 保险资金运用平均收益率

（数据来源：中国银保监会）

人身险公司保费实现增长，保障需求进一步增多。2021年，人身险公司保费收入31224亿元，同比增长5.01%，增速较上年下降1.89个百分点（见图2-8）。人身险公司全年退保率2.32%，较上年微降0.07个百分点。2021年健康险业务保费收入7069亿元，同比增长4.64%。

人身险公司税前利润、净利润大幅下降。受投资收益下降、赔付支出增长较多等因素影响，人身险公司2021年税前利润1569.88亿元，同比大幅下降47.36%（见图2-8）；净利润1608.05亿元，同比大幅下降41.04%。27家人身险公司出现亏损。

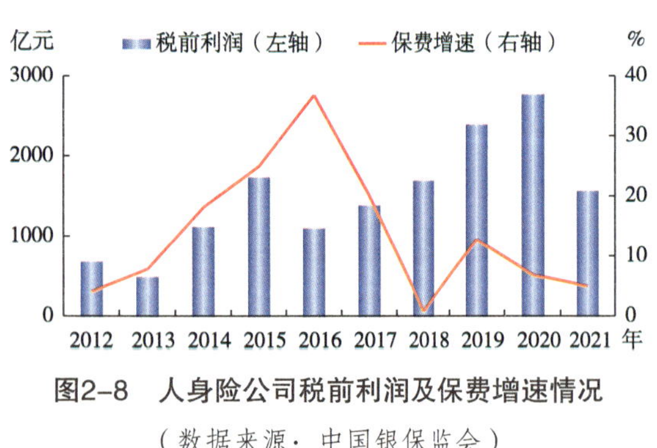

图2-8 人身险公司税前利润及保费增速情况

（数据来源：中国银保监会）

财产险公司保费收入小幅增长，非车险业务占比进一步提升。2021年，财产险公司保费收入1.37万亿元，同比增长1.92%，增幅较上年下降2.44个百分点。车险综合改革效果显现，车辆平均所缴保费明显下降，全年车险业务保费下降4.31%，占财产险总保费的比重降至56.83%，比上年下降3.70个百分点。随着非车险需求逐步增加及保险业加强培育新的增长点，非车险业务[①]占比连续六年增长。

财产险公司承保业务普遍亏损，利润同比减少。2021年，财产险公司综合成本率101.07%，比上年上升0.25个百分点，65家财产险公司承保业务亏损。财产险公司全年税前利润647.79亿元，同比下降11.56%（见图2-9）。

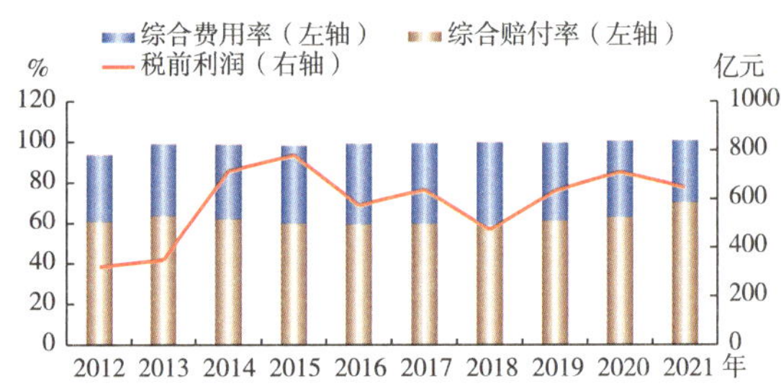

图2-9 财产险公司承保业绩及税前利润变化情况

（数据来源：中国银保监会）

偿付能力总体充足，存在一些高风险机构。截至2021年末，保险业综合偿付能力充足率和核心偿付能力充足率分别为232.1%和219.7%，远高于100%和50%的监管标准。从风险综合评级看，2021年第四季度低风险的A类和B类公司分别为91家和75家，偿付能力充足率不达标或偿付能力充足率虽然达标但风

① 非车险业务包括：企业财产险、家庭财产险、工程险、责任险、保证险、农业险、健康险、意外险等。

险较高的C类和D类公司分别为8家和4家。天安财产保险股份有限公司、华夏人寿保险股份有限公司、天安人寿保险股份有限公司、易安财产保险股份有限公司4家保险公司因触发《中华人民共和国保险法》第一百四十四条规定的接管条件，于2020年7月17日起被银保监会接管，并于2021年7月17日被延长接管一年至2022年7月16日。

三、证券业稳健性评估

（一）证券公司盈利同比上升，股票质押融资风险降低，两融规模平稳增长

截至2021年末，全国共有证券公司140家，较上年增加2家，其中上市证券公司40家（不含集团、母公司上市），较上年增加1家。证券公司资产总额10.59万亿元，同比增长18.99%；净资产总额2.57万亿元，同比增长11.26%；净资本总额2.00万亿元，同比增长9.89%，连续三年正增长（见图2-10）。

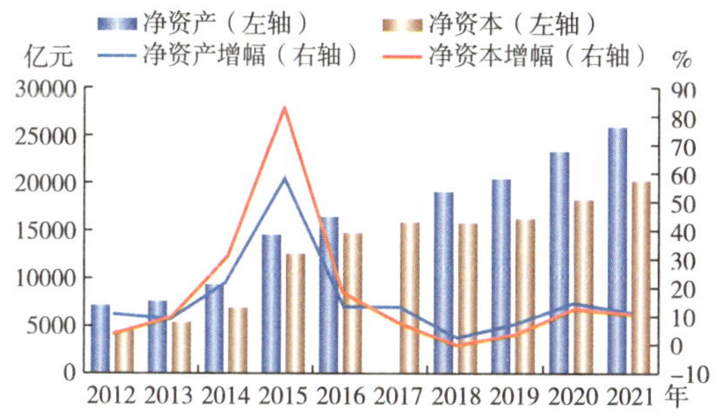

图2-10　2012—2021年证券公司净资产和净资本变化情况

（数据来源：中国证监会）

证券公司业绩保持增长。2021年全行业实现营业收入5024.10亿元，同比增长12.03%。其中，证券投资收益（含公允价值变动）1655.55亿元，同比增长10.70%；代理买卖证券业务净收入（含交易单元席位租赁）1338.40亿元，同比增长15.27%；投资银行业务净收入699.83亿元，同比增长4.12%；代理销售金融产品净收入206.90亿元，同比增长53.97%；投资咨询业务净收入54.57亿元，同比增长13.62%；资产管理业务净收入317.86亿元，同比增长6.09%。全行业实现净利润1911.19亿元，同比增长21.32%。

股票质押融资风险显著降低。截至2021年末，A股上市公司股票质押规模4198.27亿股，较上年下降13.71%，连续三年呈现下降趋势（见图2-11）。2021年A股市场整体上行，股票质押融资风险进一步下降。

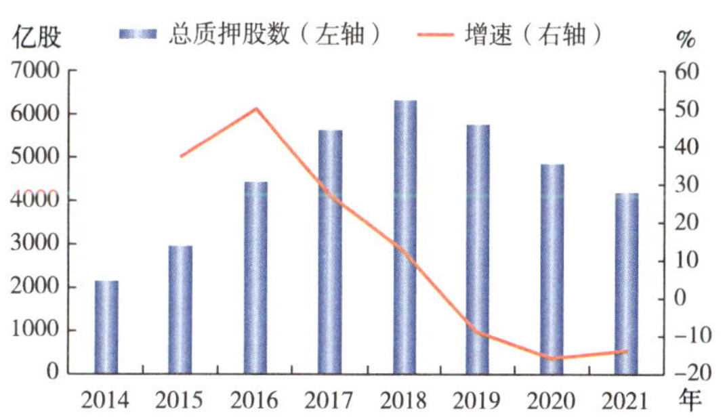

图2-11　上市公司股东股票质押规模和同比增速

（数据来源：中国证券登记结算有限公司）

融资融券余额平稳增长。截至2021年末，A股融资融券余额18321.91亿元，同比增长13.17%，其中融资余额占93.44%，融券余额占6.56%（见图2-12）。融资余额占A股流通市值之比为2.29%，较上年末下降0.05个百

分点。

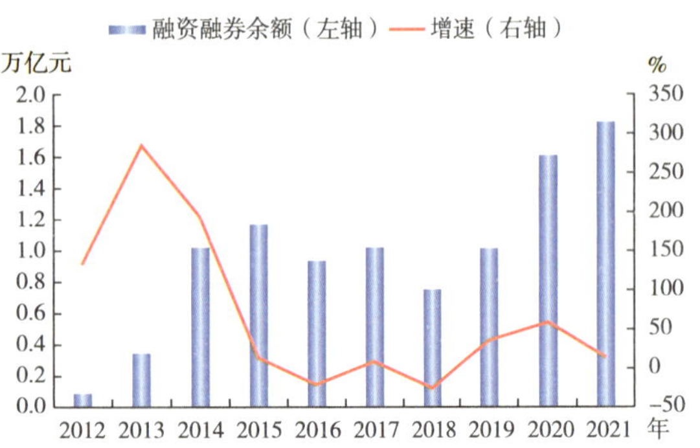

图2-12 沪深两市融资融券规模和同比增速

（数据来源：中国证券登记结算有限公司）

（二）基金公司资产管理规模持续增长，货币市场基金占比持续下降

截至2021年末，全国共有公募基金管理机构151家，较上年末增加4家。其中，外商投资基金管理公司45家，内资基金管理公司92家，取得公募资格的资产管理机构14家，共管理公募基金25.56万亿元，同比增长28.51%。分类型来看，股票型基金占比10.20%、混合型基金占比25.17%、债券型基金占比26.62%、货币市场基金占比37.05%，货币市场基金占比连续三年下降。2021年已登记私募基金管理人24610家，管理私募基金124117只；基金实缴规模19.76万亿元，同比增长23.73%。

货币市场基金占比持续下降。受股票市场上涨等因素影响，截至2021年末，货币市场基金资产净值98593亿元，占公募基金总规模的比例为39%，较上年下降1个百分点（见图2-13）。

图2-13 2012—2021年货币市场基金资产净值和占公募基金比重

（数据来源：中国证监会）

（三）期货公司平稳发展，品种创新稳步推进

截至2021年末，我国共有150家期货公司，下设97家风险管理子公司，行业总资产约为13812亿元（含客户资产）。已上市期货、期权品种94个，其中商品期货64个、金融期货6个、商品期权20个、金融期权4个。2021年，我国期货市场上市新品种4个，包括生猪、花生2个商品期货和棕榈油、原油2个商品期权。

（四）上市公司市值规模大幅增加，业绩持续向好

截至2021年末，沪深两市共有上市公司4615家，较上年末净增加461家，退市28家。总市值和流通市值分别为91.61万亿元和75.05万亿元，同比分别增长14.93%和16.70%（见图2-14）。流通市值占总市值的比例为81.93%，同比上升1.24个百分点。

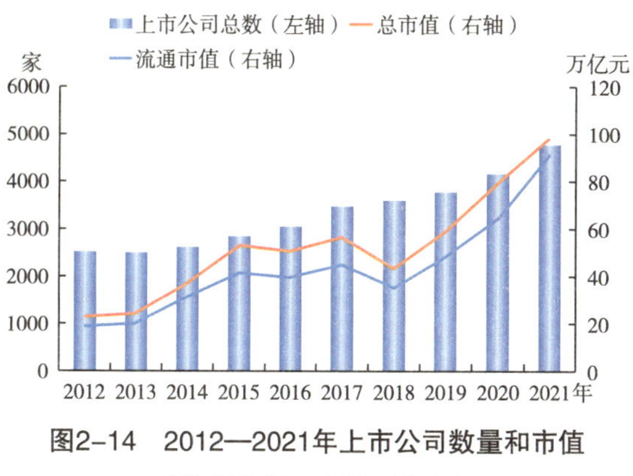

图2-14　2012—2021年上市公司数量和市值

（数据来源：中国证监会）

2021年上市公司业绩持续向好。截至2022年4月30日，沪深两市共有4715家上市公司披露2021年年报。2021年，上市公司共实现营业总收入66.32万亿元，占全年GDP总额的57.99%；营业总收入同比增长19.32%，远高于当年GDP增速；八成公司（81.63%）实现收入增长，四成公司（42.17%）收入连续三年持续增长。此外，上市公司海外收入同比增长24.65%。2021年，上市公司共实现净利润5.06万亿元，同比增长19.78%；扣除非经常性损益后的净利润4.63万亿元，同比增长25.09%，上市公司盈利能力进一步提升。近八成公司实现经营活动现金净流入，显示出较高的盈利质量。

（五）资本市场建设不断完善，对外开放水平不断提高

深化新三板改革，设立北京证券交易所。2021年11月15日，北京证券交易所（以下简称北交所）正式开市，截至2021年底共有82家上市公司。北交所由新三板精选层变更设立而来，是我国第一家公司制证券交易所，定位于服务创新型中小企业，服务对象"更早、更小、更新"，通过构建新三板基础层、创新层到北京证券交易所层层递进的市场结构，体现市场包容性和服务精准性。北交所与沪深交易所错位发展，同步试点证券发行注册制，并建立向沪深交易所的转板机制，强化多层次资本市场互联互通。

注册制改革不断推进，全面实行注册制的条件逐步具备。2021年，科创板、创业板、北交所试点注册制改革顺利推进，以信息披露为核心的注册制理念逐渐深入人心，深交所主板与中小板合并正式实施，交易所板块架构进一步理顺，新股发行定价、股东核查、督促中介机构归位尽责、现场检查和辅导验收、提高招股说明书披露质量等多项制度规则改革取得积极成效，沪深主板实施注册制的条件已逐步具备。

资本市场开放程度提升，监管制度不断完善。一是修改完善沪伦通规则。拓宽适用范围，境内方面纳入深交所符合条件的上市公司；境外方面拓展到瑞士、德国等欧洲主要市场。对融资型中国存托凭证（CDR）作出安排，允许境外发行人通过发行CDR在境内融资，并采用市场化询价机制定价。优化持续监管安排，对年报披露内容、权益变动披露义务等持续监管方面作出更为优化和灵活的制度安排。二是进一步完善沪深港通机制。证监会修订《内地与香港股票市场交易互联互通机制若干规定》，规范内地投资者返程交易行为，对"假外资"从严监管。三

是完善境内企业境外上市监管制度。证监会就《国务院关于境内企业境外发行证券和上市的管理规定》及配套规则《境内企业境外发行证券和上市备案管理办法》向社会公开征求意见，将对境内企业直接和间接境外上市活动统一实施备案管理。

维护债券市场平稳运行。2021年，人民银行会同有关部委及时采取措施，维护债券市场平稳健康运行，不断提高债券市场服务实体经济的能力质效。人民银行联合国资委、证监会，推动建立中央和地方层面的国有企业债券风险监测预警工作机制；建立债券市场“逃废债”等重大违法违规事件通报制度，压实地方政府属地责任；证监会完成华晨、永煤、山东胜通等企业及相关中介机构的行政检查和处罚，对“逃废债”等违法违规行为坚持“零容忍”，债券市场统一执法机制逐步常态化。

四、金融市场稳健性评估

中国金融市场总体运行平稳。2021年，股票市场、债券市场压力水平有所下降，货币市场压力先升后降，外汇市场压力稳中有降。金融市场压力指数整体处于温和偏低水平（见图2-15）。

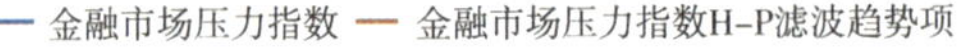

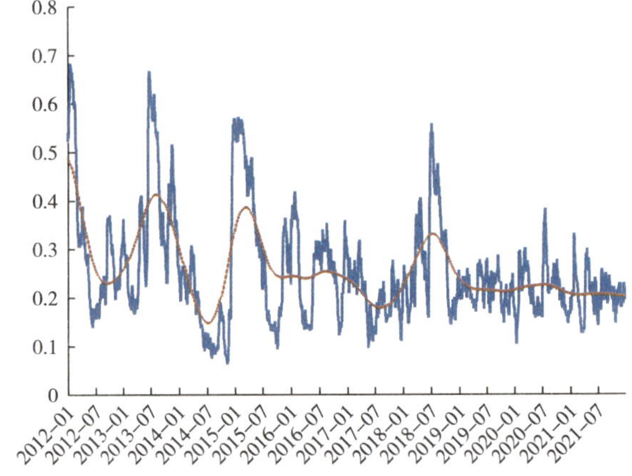

图2-15 2012—2021年金融市场压力指数

（数据来源：中国人民银行）

股票市场小幅上涨，市场压力水平较低。2021年，A股市场小幅上涨，成交额增加。上证指数上涨4.80%，深证成指上涨2.67%，沪深两市日均成交额过万亿元。总体来看，全年A股市场压力水平较低（见图2-16）。其中，收益波动风险小幅收窄，融资融券风险保持平稳，市场估值风险总体下行，年末处于较低水平。截至年末，上证指数、深证成指、创业板指和科创50指数滚动市盈率分别为13.9倍、28.94倍、63.26倍、55.5倍。

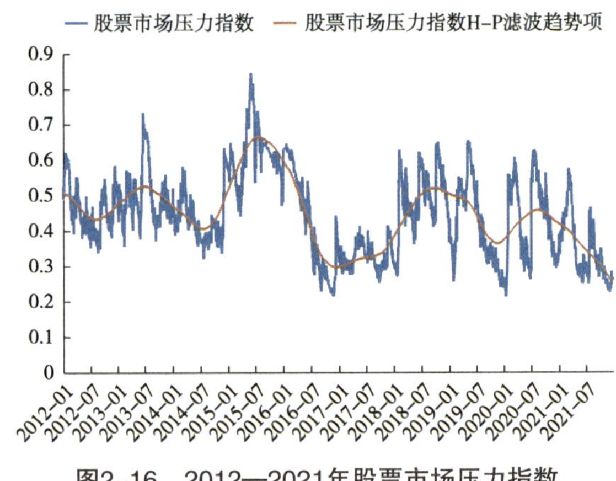

图2-16 2012—2021年股票市场压力指数

（数据来源：中国人民银行）

货币市场利率窄幅波动，市场压力总体下降。2021年，货币市场流动性合理充裕，除年初货币市场利率水平短暂上行，压力有所上行，全年市场利率整体窄幅波动，压力水平下降（见图2-17）。2021年12月31日，存款类机构隔夜质押式回购加权平均利率较上年末上行93个基点至2.03%；7天质押式回购加权平均利率较上年末下行17个基点至2.29%。上海银行间同业拆放利率（Shibor）呈现分化，其中，隔夜Shibor较上年末上行104个基点至2.13%，7天Shibor下行11个基点至2.27%，3个月Shibor下行26个基点至2.5%。

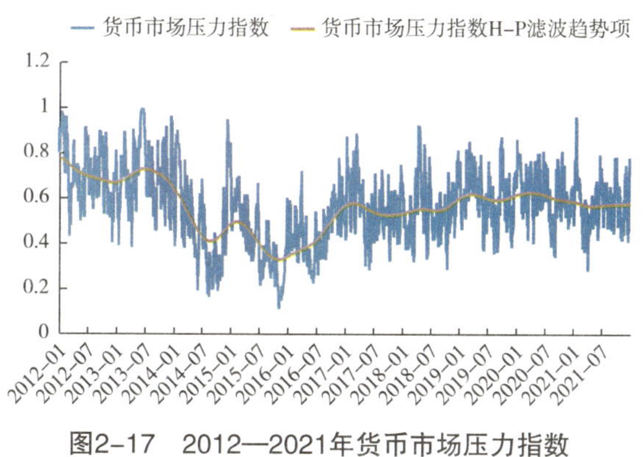

图2-17　2012—2021年货币市场压力指数

（数据来源：中国人民银行）

债券市场收益率震荡下行，市场压力下降。2021年，债券市场收益率总体呈震荡下行趋势，债券市场压力下降（见图2-18）。具体看，1年、10年期国债收益率同比下降21、39个基点；5年期AAA、AA级中期票据收益率同比下降52、54个基点。1年期和10年期国债期限利差日均63.21个基点，同比下降13.08个基点。1年期和5年期AA级中期票据与同期限国债的日均利差分别为90个和158个基点，同比下降13个和3个基点。

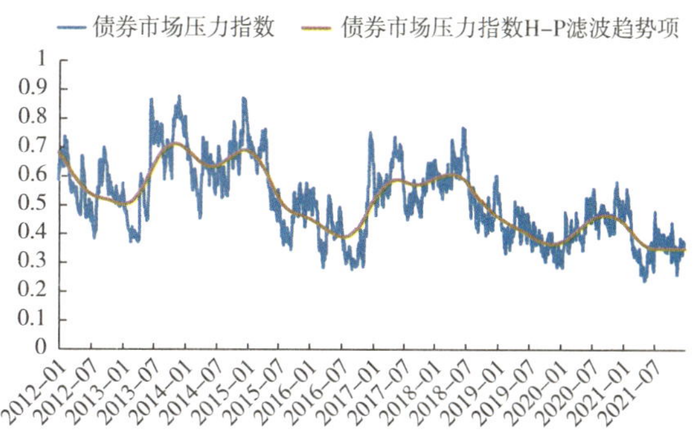

图2-18　2012—2021年债券市场压力指数

（数据来源：中国人民银行）

人民币对美元汇率小幅升值，外汇市场压力稳中有降。2021年，人民币对美元小幅升值，人民币对一篮子货币保持基本稳定，双向波动成为常态，外汇市场压力整体平稳（见图2-19）。截至2021年末，人民币对美元汇率在岸市场收盘价为1美元兑6.3730元人民币，较上年末升值1668个基点，升值幅度2.62%。

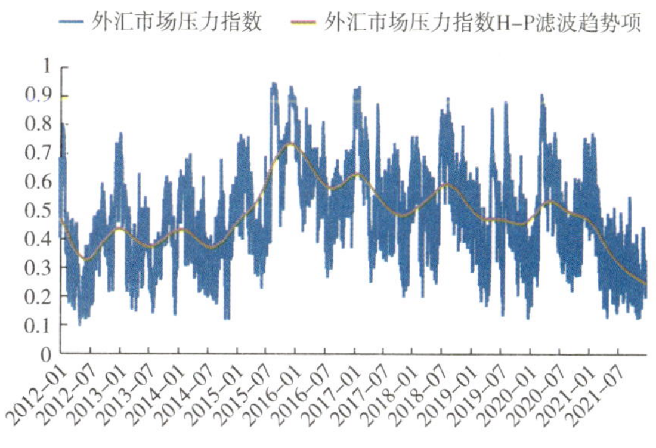

图2-19　2012—2021年外汇市场压力指数

（数据来源：中国人民银行）

专题五　银行业压力测试

为进一步发挥压力测试在风险监测和评估方面的重要作用，2022年，人民银行对全国4008家银行机构开展压力测试，充分评估银行体系在多种"重度但可能"不利冲击下的稳健性状况。

一、压力测试基本情况

参试银行。参试银行共4008家，包括6家大型国有商业银行、12家股份制商业银行、128家城市商业银行、1592家农村商业银行、546家农村信用社、23家农村合作银行、1639家村镇银行、19家民营银行、42家外资法人银行和1家直销银行。

测试方法。测试包括偿付能力宏观情景压力测试、偿付能力敏感性压力测试、流动性风险压力测试和传染性风险压力测试。偿付能力宏观情景压力测试仅对19家国内系统重要性银行（D-SIBs）开展，包含信用风险和市场风险，结合压力情景考察宏观经济不利冲击对其2022年末、2023年末、2024年末资本充足水平的影响，人民银行根据19家银行的数据，构建宏观经济与银行信贷资产质量的传导模型，测算压力情景下贷款减值损失、净利息收入损益、债券估值损益和外汇敞口损益等，进而评估对资本充足水平的影响。偿付能力敏感性压力测试考察整体及重点领域风险状况恶化对全部参试银行资本充足水平的瞬时不利影响。流动性风险压力测试考察政策因素、宏观经济因素、突发因素等多种流动性风险压力因素对全部参试银行各到期期限的现金流缺口的影响。传染性风险压力测试仅对资产规模在3000亿元以上的60家银行开展，考察银行之间以及银行与非银行金融机构之间的风险传染效应。

压力情景[①]。偿付能力宏观情景压力测试设置轻度、中度和重度三个压力情景，宏观情景指标包含国内生产总值（GDP）同比增速（见表2-2）、居民消费价格指数（CPI）涨幅、短期及长期市场利率、社会消费品零售总额同比增速、工业增加值同比增速、固定资产投资完成额同比增速和人民币对美元汇率等。偿付能力敏感性压力测试以整体信贷资产和重点领域的不良贷款率、不良资产率、损失率、收益率曲线变动等作为压力指标（见表2-3）。流动性风险压力测试设置

① 压力情景根据宏观经济计量模型设定，不代表人民银行对宏观经济的判断。

轻度和重度压力情景，对不同到期期限的表内资产负债及或有融资义务设置不同的流入率或流失率，计算不同期限下的净现金流缺口。传染性风险压力测试设置三个压力情景，考察参试银行发生信用违约并撤回同业融出资金时可能对其他参试银行造成的风险溢出效应（见表2-4）。

基本假设。偿付能力压力测试假设银行的资产负债结构保持不变、拨备覆盖率满足100%、所得税税率25%，当净利润为正且分红后各级资本充足率仍满足监管要求时按30%分红，测试期间不考虑宏观政策支持、不良贷款处置以及外源资本补充。流动性压力测试假设银行持续经营，即银行不会损害与其重要客户的关系、不会产生重大的业务中断。传染性风险压力测试假设某参试银行对其同业交易对手违约并撤回同业融出资金。若其他参试银行在此过程中因同业资金损失而未能通过压力测试，则该银行继续违约并撤回资金，直至没有银行继续违约，本轮传染过程结束。其余参试银行分别重复上述过程。

通过标准。对于偿付能力宏观情景压力测试，若参试银行受冲击后的核心一级资本充足率、一级资本充足率和资本充足率任何一项低于监管要求（包含2.5%的储备资本要求和D-SIBs附加资本要求①），则未通过压力测试。对于偿付能力敏感性压力测试，若参试银行受冲击后的资本充足率低于监管要求，则未通过压力测试。对于流动性风险压力测试，当压力情景下参试银行出现现金流缺口（现金流出超过现金流入）时，银行应采取措施，将合格优质流动性资产变现或质押给央行获得流动性，以弥补缺口，若全部可动用的合格优质流动性资产均已耗尽仍无法弥补缺口，则未通过压力测试。对于传染性风险压力测试，若参试银行受冲击后的核心一级资本充足率低于5%，则未通过压力测试。

表2-2　　偿付能力宏观情景压力测试中GDP同比增速

年份	轻度压力情景	中度压力情景	重度压力情景
2022	3.90%	2.90%	1.80%
2023	4.20%	3.20%	2.86%
2024	4.50%	3.50%	3.17%

注：其他宏观指标依据宏观经济计量模型设定。

① 系统重要性银行资本监管要求包含附加资本要求，由核心一级资本满足。对于同时入选全球系统重要性银行、国内系统重要性银行的，按“孰高”原则确定附加资本比例，工商银行、中国银行、建设银行执行1.5%的附加资本要求，农业银行执行1%的附加资本要求。

表2-3 偿付能力敏感性压力测试情景

测试内容	压力情景
整体信贷资产风险	•冲击1：整体不良贷款率上升100%① •冲击2：整体不良贷款率上升200% •冲击3：整体不良贷款率上升400% •冲击4：50%的关注类贷款转移至不良贷款 •冲击5：100%的关注类贷款转移至不良贷款
房地产融资风险	•冲击1：房地产开发贷款②和购房及其他贷款③不良贷款率分别增加5个和3个百分点④，房地产非标准化资产和标准化资产不良资产率分别增加5个和3个百分点 •冲击2：房地产开发贷款和购房及其他贷款不良贷款率分别增加10个和6个百分点，房地产非标准化资产和标准化资产不良资产率分别增加10个和6个百分点 •冲击3：房地产开发贷款和购房及其他贷款不良贷款率分别增加15个和9个百分点，房地产非标准化资产和标准化资产不良资产率分别增加15个和9个百分点
中小微企业及个人经营性贷款风险⑤	•冲击1：中小微企业及个人经营性不良贷款率上升200% •冲击2：中小微企业及个人经营性不良贷款率上升400% •冲击3：中小微企业及个人经营性不良贷款率上升600%
地方政府融资平台风险⑥	•冲击1：不良资产率增加5个百分点 •冲击2：不良资产率增加10个百分点 •冲击3：不良资产率增加15个百分点
客户集中度风险	•冲击1：最大1家非同业集团客户违约，违约损失率60% •冲击2：最大3家非同业集团客户违约，违约损失率60% •冲击3：最大5家非同业集团客户违约，违约损失率60%
同业交易对手违约风险	•冲击1：最大1家同业交易对手违约，违约损失率60% •冲击2：最大3家同业交易对手违约，违约损失率60% •冲击3：最大5家同业交易对手违约，违约损失率60%
投资损失风险	•冲击1：国债、政策性金融债（含国开债）收益率曲线上移250个基点 •冲击2：商业性金融债、同业存单收益率曲线上移400个基点 •冲击3：非金融企业债收益率曲线上移400个基点 •冲击4：SPV投资账面余额损失10% •冲击5：上述4种冲击同时发生
债券违约风险	•冲击1：账面价值最大的1只债券发生违约 •冲击2：账面价值最大的3只债券发生违约 •冲击3：账面价值最大的5只债券发生违约 •冲击4：账面价值最大的10只债券发生违约
表外业务信用风险⑦	•冲击1：发生垫款的表外业务敞口余额占比30%，垫款后的预期损失率为90% •冲击2：发生垫款的表外业务敞口余额占比40%，垫款后的预期损失率为90% •冲击3：发生垫款的表外业务敞口余额占比50%，垫款后的预期损失率为90%

注：

①假设初始不良贷款率为$X\%$，则上升$n\%$后不良贷款率为$X\%(1+n\%)$。

②房地产开发贷款包括地产开发贷款和房产开发贷款。

③购房及其他贷款包括商业用房购房贷款、个人住房贷款、经营性物业贷款、房地产租赁经营贷款、房地产并购贷款、房地产中介服务贷款等。

④假设初始不良贷款率为$X\%$，则增加n个百分点后不良贷款率为$(X+n)\%$。

⑤中小微企业划分标准参照《关于印发中小企业划型标准规定的通知》（工信部联企业〔2011〕300号）中的规定。

⑥地方政府融资平台风险敞口包含地方政府融资平台贷款、地方政府融资平台债券类融资工具投资和其他表内信用资金对地方政府融资平台的融资支持。

⑦表外业务信用风险敞口包括等同于贷款的授信业务和与交易相关的或有项目，如银行承兑汇票、融资性及非融资性保函。

表2-4　　传染性风险压力测试情景

情景1	假设参试银行分别发生信用违约，考察其可能产生的溢出效应。
情景2	假设银行业中的非银行金融机构首先发生违约，参试银行收回部分同业投资，损失直接扣减核心一级资本净额，然后再考察其余参试银行分别发生信用违约时可能产生的溢出效应。
情景3	假设证券业、保险业金融机构首先发生违约，参试银行收回部分投资，损失直接扣减核心一级资本净额，然后再考察其余参试银行分别发生信用违约时可能产生的溢出效应。

二、偿付能力压力测试结果

截至2021年末，4008家参试银行各项贷款余额共计168.71万亿元，整体不良贷款率为1.82%，整体资本充足率为15.03%。其中，19家D-SIBs、3989家非D-SIBs各项贷款余额分别为120.22万亿元、48.49万亿元，整体不良贷款率分别为1.36%、2.98%，整体资本充足率分别为16.05%、12.78%。

（一）宏观情景压力测试

19家D-SIBs整体抗冲击能力较强。宏观情景压力测试结果显示，19家D-SIBs整体资本充足水平较高，运行稳健。截至2021年末，19家D-SIBs整体资本充足率为16.05%。轻度压力情景下，2024年末资本充足率为14.78%；中度压力情景下，2024年末资本充足率为13.96%；重度压力情景下，2024年末资本充足率为13.12%，表明19家D-SIBs整体对宏观经济冲击具有较强的抵御能力（见图2-20）。

19家D-SIBs风险抵御能力有所差异。在轻度、中度、重度压力情景下，2024年末分别有4家、6家、9家银行未通过测试。若不考虑2.5%的储备资本和D-SIBs附加资本要求，在轻度、中度、重度压力情景下，2024年末未通过测试的银行家数将分别降至1家、3家、5家（见图2-21）。

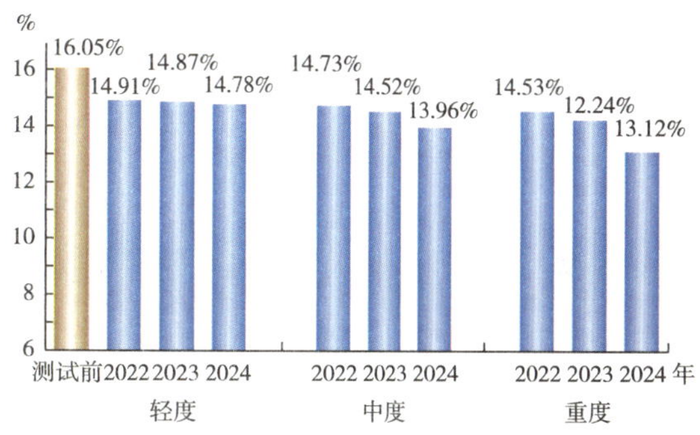

图2-20　宏观情景压力测试整体资本充足率情况

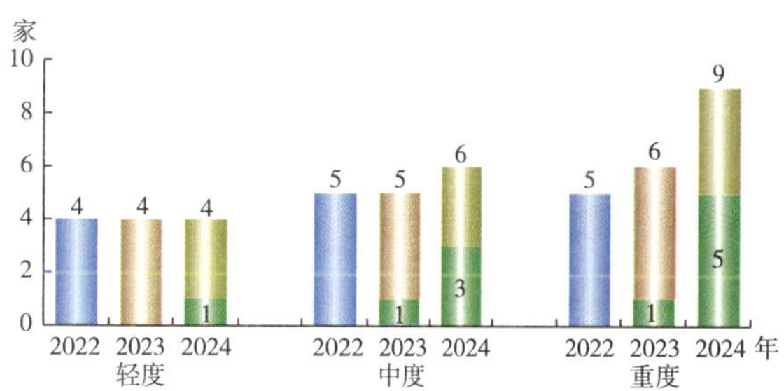

注：绿色部分为不考虑储备资本和D-SIBs附加资本要求时未通过测试银行家数。

图2-21　宏观情景压力测试下未通过测试银行家数

信用风险是影响19家D-SIBs资本充足水平的主要因素。在轻度、中度、重度压力情景下，参试银行贷款质量将恶化，不良贷款率大幅上升。2021年末参试银行整体不良贷款率为1.36%，若不考虑不良贷款处置，在轻度压力情景下，2022年、2023年、2024年末不良贷款率分别为3.53%、4.26%、5.36%；在中度压力情景下，未来三年年末不良贷款率分别为3.83%、4.84%、6.73%；在重度压力情景下，未来三年年末不良贷款率分别为4.16%、5.35%、7.95%（见图2-22）。银行需增加贷款损失准备计提，资本充足水平将受到较大影响，在轻度、中度、重度压力情景下，未来三年内累计降低资本充足率分别为3.95、5.38、6.68个百分点。

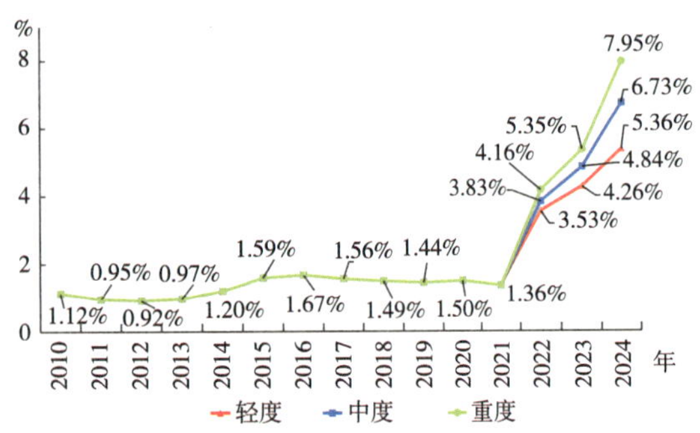

图2-22 宏观情景压力测试不良贷款率测算结果

市场风险对19家D-SIBs资本充足水平影响有限。重度压力情景下，受短期市场利率下行影响，未来三年内存款利率累计下降17个基点，其他付息负债和生息资产利率累计下降56个基点，参试银行净息差收窄导致整体资本充足率累计下降0.21个百分点；受利率变动和信用利差扩大的综合影响，参试银行持有的以公允价值计量的债券估值下降，使得整体资本充足率累计下降0.16个百分点。汇率变化对参试银行整体资本充足率影响较小（见图2-23）。

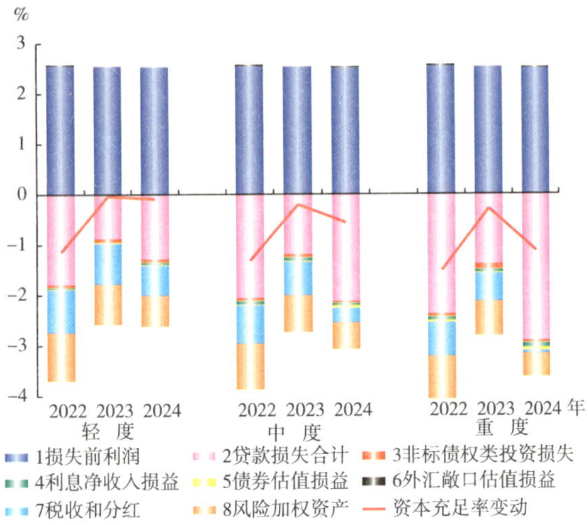

图2-23 资本充足率变化分解情况

充足的拨备水平和稳定的盈利能力可有效缓解资本下降压力。2021年末，19家D-SIBs整体拨备覆盖率为233%，远高于监管要求；整体资产利润率为0.88%，高于银行业平均水平。在重度压力情景下，未来三年资本充足率降幅中的1.22个百分点表现为超额拨备的消耗，损失前利润可累计提升资本充足率7.57个百分点。

（二）敏感性压力测试

19家D-SIBs对信贷资产质量恶化具有较强的风险抵御能力，其余银行整体可承受该测试下两项冲击。对于19家D-SIBs，在整体信贷资产风险压力测试中，各冲击情景下整体资本充足率最低为11.91%，有较强的信贷风险抵御能力。对于3989家非D-SIBs，若不良贷款率分别上升100%、200%、400%，则整体资本充足率分别降至11.22%、9.51%、6.00%，分别有1293、1942、2571家未通过压力测试，其资产占全部参试的非D-SIBs资产的21.77%、44.37%、64.90%；若50%、100%的关注类贷款转移至不良，则整体不良贷款率分别升至4.98%、6.97%，资本充足率分别降至11.67%、10.28%，分别有1081、1549家未通过，对应资产占比19.25%、34.62%（见图2-24、图2-25、图2-26）。3989家非D-SIBs现有拨备和资本水平可支撑其整体不良贷款率上升3.96个百分点至6.94%，仍可达到拨备覆盖率100%、资本充足率10.5%。

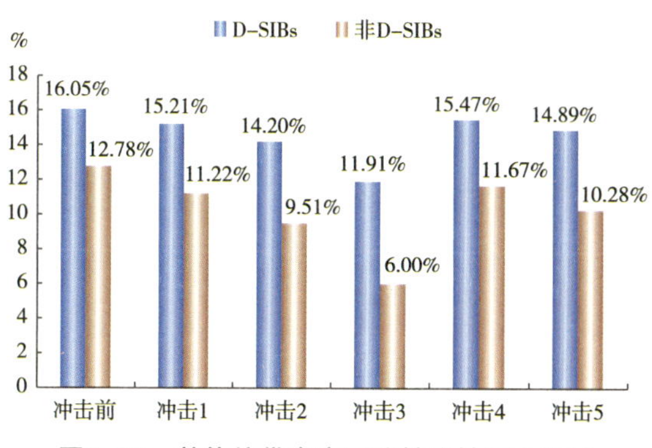

图2-24　整体信贷资产风险敏感性压力测试

（不良率上升100%、200%、400%，50%、100%的关注类贷款转移至不良）

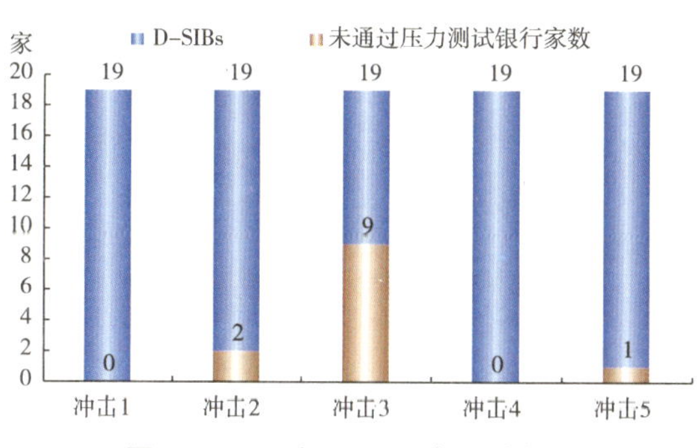

图2-25　19家D-SIBs未通过家数

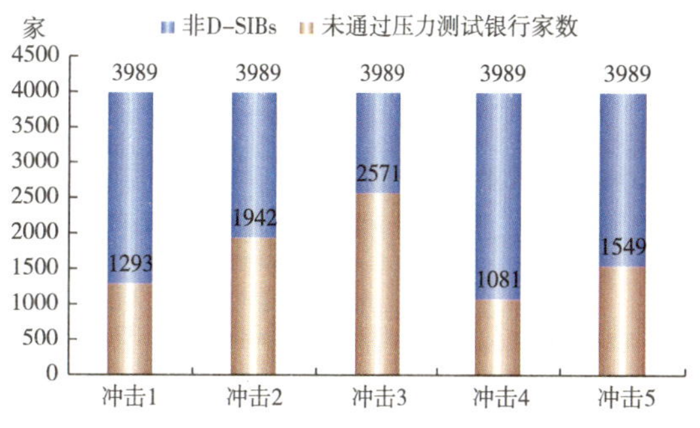

图2-26　3989家非D-SIBs未通过家数

中小微企业及个人经营性贷款、客户集中度、同业交易对手、房地产融资等领域风险值得关注。在中小微企业及个人经营性不良贷款率上升600%的冲击下，全部参试银行整体资本充足率降至10.42%，下降4.61个百分点。若最大5家非同业集团客户、同业交易对手违约（损失率60%），整体资本充足率分别降至12.08%、12.36%，分别下降2.95、2.67个百分点。若房地产开发不良贷款率、购房及其他不良贷款率分别上升15、9个百分点，房地产非标准化、标准化资产不良资产率分别上升15、9个百分点，整体资本充足率下降至13.03%，下降2个百分点（见图2-27）。

债券违约风险、地方政府融资平台风险对参试银行影响较小。若账面价值最大的10只债券发生违约，全部参试银行资本充足率降至14.76%，下降0.27个百分点。若对地方政府融资平台融出资金的不良资产率上升15个百分点，整体资本充足率下降至14.67%，下降0.36个百分点。

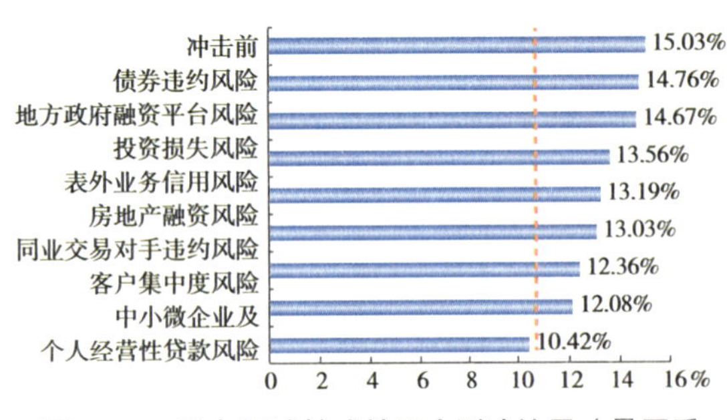

图2-27 重点领域敏感性压力测试结果（最严重冲击）

三、流动性风险压力测试结果

参试银行流动性承压能力整体较强。流动性风险压力测试考察未来7天、30天和90天三个时间窗口下，压力因素对银行资产负债现金流缺口的影响。测试结果显示，参试银行流动性整体充裕，4008家参试银行中，轻度压力情景通过率为96.73%，较2021年上升0.22个百分点；重度压力情景通过率为93.09%，较2021年上升0.34个百分点。其中，19家D-SIBs在轻度压力情景下全部通过测试，在重度压力情景下有4家未通过测试。

同业依赖高的银行流动性承压能力较差。测试对同业资金设置了高于一般性存款的流失率，从测试结果看，未通过测试的银行对同业资金依赖较高，流动性压力较大，其资产负债结构、流动性风险管控等方面需重点关注。

四、传染性风险压力测试结果

绝大多数银行具备面对单家银行违约的抵御能力，银行业中的非银行金融机构违约并未显著增强银行间的风险传染性。在仅考虑参试银行之间发生信用违约时，将产生一轮冲击，60家参试银行中共有4家银行未能通过压力测试。若银行业中的非银行金融机构首先发生违约，致使参试银行同业投资受损，再考虑参试银行之间发生信用违约，不会增加传染轮数，且未通过测试的银行不发生变化，较不考虑银行业中的非银行金融机构投资受损的情况，未显著增强银行间的传染强度。

证券业、保险业金融机构违约一定程度上增强了银行间风险传染性。若证券业、保险业金融机构首先发生违约，致使参试银行同业投资受损，再考虑参试银行之间发生信用违约，共有7家参试银行未能通过测试，较不考虑证券业、保险业金融机构违约的情况，仅增加了3家银行，且未增加传染轮数。

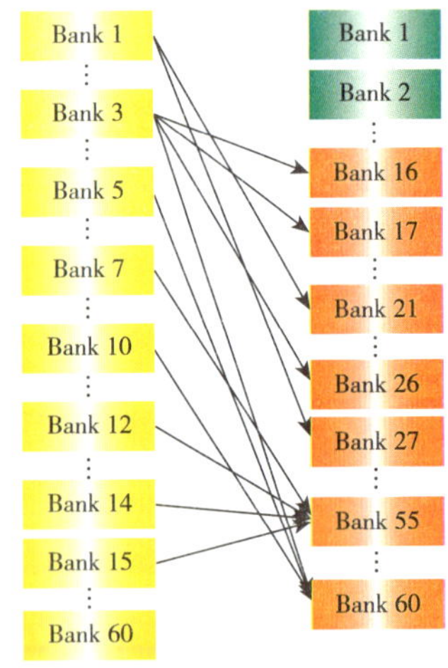

注：①机构编号为随机生成，与参试银行规模等因素无关。

②黄色机构代表假设违约的参试银行。

③绿色机构代表通过测试的参试银行。

④红色机构代表未通过测试的参试银行。

图2-28 压力情景3传染结果

专题六　央行金融机构评级结果分析

2022年第二季度，人民银行对4392家银行业金融机构开展央行金融机构评级（以下简称央行评级），从评级结果来看，我国银行业金融机构整体经营稳健，风险总体可控。

一、2022年第二季度央行评级结果

4392家参评机构包含大型银行24家、中小银行3992家、非银行机构376家。评级结果按风险由低到高划分为11级，分别为1-10级和D级，D级表示机构已倒闭、被接管或撤销。其中，评级结果1-5级为“绿区”、6-7级为“黄区”，“绿区”和“黄区”机构可视为在安全边界内；评级结果8-D级为“红区”，表示机构处于高风险状态。具体评级结果分布如表2-5所示。

表2-5　2022年第二季度参评机构评级基本情况

机构分类	机构类型	机构数量	评级结果
银行机构	开发性和政策性银行	3	1-7级
	国有商业银行	6	
	股份制商业银行	12	
	城市商业银行	125	2-10级
	农村商业银行	1599	2-10级
	农村合作银行	23	5-10级
	农村信用社	536	2-10级
	村镇银行	1649	3-10级
	民营银行及其他	21	3-7级
	外资法人银行	42	2-6级
	小计	4016	-
非银行机构	企业集团财务公司	254	3-D级
	汽车金融公司	25	3-10级
	金融租赁公司	68	3-10级
	消费金融公司	29	3-7级
	小计	376	-
总计		4392	-

评级结果1-7级的机构有4026家，资产占全部参评机构总资产的98.45%。评级结果处于“绿区”的机构为2166家，资产规模为323.99万亿元（占比为89.49%）；“黄区”机构为1860家，资产规模为32.43万亿元（占比为8.96%）；“红区”机构为366家，资产规模为5.61万亿元（占比为1.55%）（见图2-29）。由此可见，我国银行业金融机构整体经营稳健，风险总体可控。

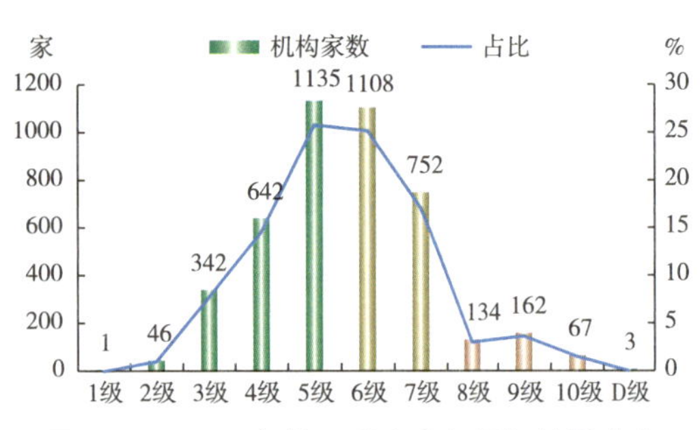

图2-29　2022年第二季度央行评级结果分布
（数据来源：中国人民银行）

分机构类型看，大型银行评级结果较好，部分农村中小金融机构存在一定风险。大型银行中，评级结果为1级的1家，2级的13家，3级的6家，4级的2家，6级的1家，7级的1家。中小银行中，外资银行和民营银行的评级结果较好，分别有90%、52%的机构分布于“绿区”，且无高风险机构；城市商业银行的评级结果次之，有66%的机构分布于“绿区”，但也有13%的机构为高风险机构；农合机构（包括农村商业银行、农村合作银行、农村信用社）和村镇银行风险最高，高风险机构数量分别为217家和118家，数量占全部高风险机构的92%。

分区域看，绝大多数省份存量风险已压降，区域金融生态得到优化。福建、贵州、湖南、江苏、江西、上海、浙江、重庆辖内无高风险机构；广东、安徽、北京等省市“绿区”机构占比均超过60%；15个省市辖内高风险机构维持在个位数水平。

二、央行评级结果运用

基于评级结果建立分类分段管理框架，增强风险防范化解针对性。一是人民银行对于1-7级机构开展预警工作，及时发现异常指标和苗头性风险，采取措施促使大部分银行异常指标回归至行业正常水平，做到抓早抓小“治未病”、防患于未然。二是对于8-D级高风险机构，人民银行采取“一对一”通报、约谈高管、下发风险提示函和评级意见书等多种早期纠正措施，增强金融机构风险防控的自觉性和主动性。选取部分地区作为试点，对其增量的高风险机构，强化“早期纠正”的限期整改硬约束，做到“不纠正即处置”。

在央行履职过程中充分应用评级结果，提升政策精准性。人民银行在核定存款保险差别费率、发放普惠小微信用贷款、核准金融机构发债、开展宏观审慎评估（MPA）、审批再贷款授信额度、国库现金管理招标等工作中，充分运用央行评级结果，加强宏观审慎管理，科学、合理评价金融机构经营管理水平和风险状况，引导金融机构审慎、稳健经营。

与金融监管部门和地方政府共享评级结果，丰富评级结果应用场景。人民银行根据需要向地方政府和金融监管部门通报央行评级结果和金融机构情况，拓宽评级结果在监管领域的运用，强化风险信息共享及整合，进一步提升金融监管的有效性。如为证券监督管理部门就银行首次公开发行股票并上市、定向增发等重大事项提供参考意见，为地方政府财政资金管理招标提供参考依据等。

专题七　建立银行风险监测预警指标体系　抓早抓小“治未病”

2020年末以来，人民银行探索建立银行风险监测预警指标体系，按季对央行金融机构评级（以下简称央行评级）结果为安全边界内的1-7级银行①开展预警工作，克服央行评级只能识别已经成为高风险机构的滞后性，力求抓早抓小“治未病”、防患于未然。

一、预警指标体系基本情况

高风险机构的风险积聚往往有迹可循。近年来多个典型风险案例中，有些高风险机构的部分指标表现异常。如果能及时发现这些潜在风险，将风险消灭在萌芽状态，可有效避免损失扩大，降低风险处置成本，因此必须对异常指标保持高度敏感。

针对评级较好银行开展预警工作。人民银行对央行评级结果在安全边界内的1-7级银行建立了风险监测预警指标体系，及时发现异常指标和苗头性风险，并采取措施促使大部分银行异常指标回归至行业正常水平，避免潜在风险演变为实质风险。

监测预警体系涵盖多项风险指标。根据我国银行业金融机构的特点，综合考虑潜在风险来源、监管实践以及指标的全面性和数据可得性，同时结合近些年的重点风险隐患，选取了扩张性风险、同业风险、流动性风险、信用风险、综合风险五个方面的多个指标。在指标选取上，既考虑存量风险和增量风险，又兼顾总量控制和结构性问题，同时对近年来问题比较突出的票据业务、同业业务、异地扩张、线上联合贷款、通过第三方互联网平台和银行承兑汇票吸收存款等领域进行了重点关注。

预警银行风险识别情况。2020年第四季度至2021年第四季度，人民银行共开展5次银行风险监测预警工作，累计识别预警银行274家次。风险类型方面，以同业风险和扩张性风险为主，合计224家次，占比为82%；机构类型方面，以村镇银行和农村商业银行为主，合计209家次，占比为76%。

① 央行评级结果分为1-10级和D级，8-D级为高风险机构。

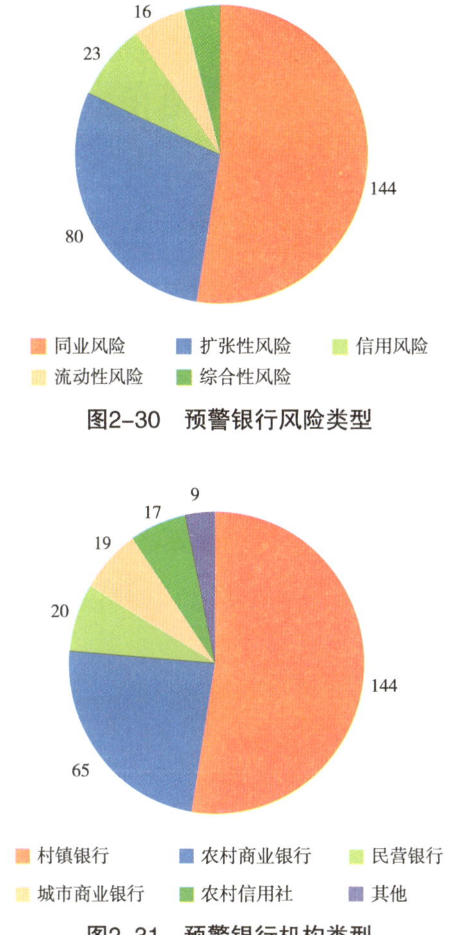

图2-30 预警银行风险类型

图2-31 预警银行机构类型

二、对预警银行及时纠偏

针对预警银行苗头性问题及时纠偏。针对监测预警指标体系发现的问题，采取有效措施将潜在风险隐患消灭在萌芽状态。一是通过发送风险警示函、约谈高管等方式及时向预警银行提示风险，督促其采取有针对性的措施，对各类异常指标相关业务进行整改。二是加强风险监测力度，将预警银行纳入重点关注机构名单，定期跟踪预警银行主要经营指标变动情况。三是将预警银行风险情况作为央行评级的重要参考，必要时下调评级结果，真实反映机构风险。

多数预警银行经整改后已退出名单。2020年底以来共识别预警银行274家次，剔除同一家机构多次触发预警的情况后，共识别预警银行187家。截至2021年第四季度末，已有140家预警银行退出名单，占比为75%，其余47家预警银行将在2022年持续整改。预警银行的央行评级结果大部分集中在4-7级，个别银行为3级，在银行尚未出险、相对健康的时候，对其异常指标进行纠偏比较容易，超过七成预警银行在预警后的两个季度内即可退出名单。

三、下一步工作

做好银行风险监测预警，及时将风险苗头消灭在萌芽状态，是金融稳定工作的重要内容，可大幅节约风险处置的经济成本、社会成本。客观上讲，指标异常不代表机构一定会出现风险，但还是很有必要充分利用现有数据库，及时识别潜在风险隐患。

继续完善监测预警机制。不断丰富监测预警指标体系，提高预警的科学性、前瞻性和精准性，同时结合央行评级、压力测试、现场评估等日常工作，深入摸排预警银行真实风险情况，指导银行开展自我纠偏。

向有关部门通报预警结果。将预警结果及时通报金融监管部门和地方政府，及时实施早期纠正，实现风险早发现、早处置，避免潜在风险演变为实质风险。

专题八　我国商业银行同业业务发展与规范

金融机构同业业务作为加强流动性管理、调剂资金余缺、满足支付结算需要的重要工具，对优化金融资源配置、维护金融体系有效运转具有重要意义。我国商业银行同业业务发展的总体特征为“创新—监管—再创新—再监管”，经历了短期流动性调节、类信贷模式快速增长、表内同业业务快速扩张等历程。2014年以来，金融管理部门制定出台多项规范性文件，同业业务逐渐回归本源，进入平稳规范发展阶段。

一、同业业务内涵

商业银行同业业务是指商业银行与境内外金融机构之间进行的各类业务往来，可分为融资类、投资类、代理类和结算类等。近年来监管部门规范的重点主要包括同业拆借、同业存款、同业借款、同业代付、买入返售（卖出回购）等同业融资业务和投资同业存单、金融债券、特定目的载体（SPV）等同业投资业务。

同业拆借。同业拆借是指金融机构之间在全国银行间同业拆借市场上进行的无担保资金融通行为，主要用于金融机构之间调剂资金余缺，满足短期资金需求。拆借期限以隔夜和7天为主，最长为1年，不得展期。

同业存款。同业存款是指金融机构之间开展的资金存入与存出业务，其中资金存入方仅为具有吸收存款资格的金融机构。同业存款按用途分为结算性同业存款和非结算性同业存款，为线下交易，期限一般以3个月到1年为主，最长为1年，到期后不得展期。

同业借款。同业借款是指金融机构之间开展的资金借入和借出业务。根据现行监管规定，境内金融机构间开展同业借款的资金借入方仅限于金融资产管理公司、消费金融公司、汽车金融公司、金融租赁公司和金融资产投资公司（法律法规和金融管理部门另有规定的除外），期限最长可达3年，利率由双方在合同中商定。

同业代付。同业代付是指商业银行（受托方）接受金融机构（委托方）的委托向企业客户付款，委托方在约定还款日偿还代付款项本息的资金融通行为。同业代付原则上仅适用于银行业金融机构办理跨境贸易结算，应具有真实贸易背景，体现真实受托支付。

买入返售（卖出回购）。买入返售（卖出回购）是指两家金融机构之间按照协议约定先买入（卖出）金融资产，再按约定价格于到期日将该项金融资产返售（回购）的资金融通行为。交易类型上分为质押式和买断式，其中质押式回购指融入方将证券质押给融出方作为担保，借款到期解除质押，证券所有权不变；买断式回购指融入方将证券卖给融出方并完成过户，借款到期融入方将债券买回，证券所有权改变。

同业投资。同业投资是指金融机构购买同业金融资产（包括金融债、次级债、同业存单等）或特定目的载体（包括银行理财产品、信托投资计划、证券投资基金、证券公司资产管理计划、基金管理公司及子公司资产管理计划、保险业资产管理机构资产管理产品等）的投资行为。

同业存单。同业存单是存款类金融机构在全国银行间市场上发行的记账式定期存款凭证，其投资和交易主体为全国银行间同业拆借市场成员、基金管理公司及基金类产品。存款类金融机构可在当年发行备案额度内，自行确定每期的发行金额、期限。同业存单期限不超过1年，可按固定利率或浮动利率计息，参考同期限上海银行间同业拆借利率定价。

二、同业业务发展历程

根据同业业务发展的规模结构、业务模式以及功能定位，我国银行同业业务发展的总体特征为“创新—监管—再创新—再监管”，经过短期流动性调节、类信贷模式快速增长、表内同业业务快速扩张等历程后，逐步进入了平稳发展阶段。

短期流动性调节阶段。20世纪90年代初，资金市场“乱拆借”现象严重，人民银行两次清理整顿资金市场。1996年银行间同业拆借市场建立，同业拆借转为线上业务规范发展，为商业银行调剂短期资金头寸、优化流动性管理提供了重要手段。发展初期阶段，同业业务以同业存款、同业拆借为主，主要用于商业银行之间调节资金头寸，同业资产负债规模较小，在银行整体资产负债中占比较低。

类信贷模式快速增长阶段。2008年国际金融危机爆发后，银行贷款规模快速扩张，2009年商业银行贷款余额增速达33%。为强化信贷市场管理，监管部门对信贷额度、资本金、存贷比的监管趋严。商业银行传统信贷业务受此影响较大，大量已投放的信贷规模难以消化，同业业务围绕信贷规模出表、转移科目等方式，快速创新发展，逐渐由短期流动性调节工具转变为资产负债管理工具。起初，一些银行开展信贷资产“双买断”业务，隐匿信用风险，消减信贷规模。2009年12月，银监会发文禁止了“双买断”。此后，银银合作转向同业代付模式，通过同业授信的方式间接向企业提供融资。2012年8月，银监会将同业代付业务纳入了监管范围，要求银行严格遵循《会计法》和企业会计准则的有关规定进行会计核算。此外，对票据、信托受益权、贷款等非标资产开展买入返售业务也是这一阶段银行通过同业业务规避信贷管控、节约资本的重要方式。

表内同业业务快速扩张阶段。在资产端，同业特定目的载体投资在2012—2016年复合增长率超过60%，到2016年末已高达23.05万亿元，部分股份制银行投资余额超过贷款2倍，同业特定目的载体的底层资产多为非标准化债权。在负债端，为推进利率市场化，加强商业银行主动流动性管理，2013年，人民银行发布《同业存单管理暂行办法》，此后同业存单快速发展。2014年，商业银行同业存单余额约6000亿元，截至2021年末已接近14万亿元。

平稳发展阶段。2017年，银监会加大对同业业务违规经营、监管套利、脱实向虚等问题的专项整治。2018年，金融管理部门发布《关于规范金融机构资产管理业务的指导意见》，出台理财新规等实施细则。同业业务规模呈现有序收缩态势，存量风险逐步压降，增量风险得到有效遏制，脱实向虚、层层嵌套等通道业务显著减少。截至2021年末，同业特定目的载体投资余额13万亿元，较2016年高峰下降了逾40%。

三、同业业务发展中的主要风险及规范管理

金融机构同业业务快速发展过程中，为切实防范和化解风险，引导同业业务回归本源，金融管理部门出台了一系列规范性文件，推动金融机构同业业务规范性发展。

（一）规范同业业务结构

同业规模快速扩张，增速远高于同期银行机构贷款、存款增长水平，规避宏观信贷调控政策，推升银行体系杠杆水平。截至2013年末，银行业金融机构同业资产逾21万亿元，同业负债近18万亿元，较2009年分别增长了246%和236%，分别是同期贷款增幅的1.7倍、存款增幅的1.9倍。为进一步规范金融机构同业业务经营行为，2014年，人民银行等五部委发布《关于规范金融机构同业业务的通知》，规定同业负债占总负债比例不得高于三分之一，明确单一金融机构同业融出资金不得超过一级资本的50%。2018年，银监会发布的《商业银行大额风险暴露管理办法》进一步将单一金融机构同业融出集中度限制到25%，并将同业融出扩大至包括同业投资在内的同业授信。2019年起，同业存单纳入人民银行宏观审慎评估（MPA）同业负债管理。

（二）禁止同业业务违规担保

同业业务发展过程中，存在通过第三方担保将信贷资源投向高风险、限制性产业，规避资本占用等问题。为规范同业业务第三方担保行为，《关于规范金融机构同业业务的通知》等监管政策，禁止三方以上买入返售或卖出回购，买入返售和同业投资不得通过签署差额补足承诺、违约资产回购承诺、

流动性支持承诺、当期买入和远期卖出协议等方式接受和提供直接或间接、显性或隐性的第三方金融机构信用担保。严禁信贷资金与同业资金相互担保、兜底、承接，违规签订“抽屉协议”“阴阳合同”等。

（三）限制同业投资多层嵌套

资管新规出台前，同业投资交叉嵌套较为普遍，投资结构复杂，交易链条长，部分业务涉及银行、证券、基金、保险等多个业态，加剧风险跨行业、跨市场传染。2018年，资管新规规定同业特定目的载体投资只能进行一层嵌套，并对特定目的载体投资实施穿透管理，进行严格的风险审查和资金投向合规性审查，对穿透后的最终债务人进行统一授信管理和集中度管控。同时，按照“实质重于形式”原则，根据底层基础资产性质，准确计量风险加权资产。

（四）明确同业业务专营治理框架

为推动银行加强同业业务内控和风险管理，2014年，银监会发布《关于规范商业银行同业业务治理的通知》，规定同业业务实行专营部门制，由法人总部建立或指定专营部门负责经营，同业业务授权、授信、交易对手准入、业务审批、合同签订、会计核算等事宜统一归收专营部门，其他部门和分支机构仅从事代理市场营销和询价、项目发起和客户关系维护等操作性事项。同业投资非标资产需严格比照自营贷款管理，进行严格的风险审查、投前调查、投后管理。建立同业业务交易对手准入机制，对交易对手进行集中统一的名单制管理，定期评估交易对手信用风险、动态调整交易对手名单。

（五）加强同业业务流动性风险管理

部分银行通过连续吸收短期同业负债或滚动发行短期同业理财、同业存单，以“借短配长”支撑中长期资产增长。为加强同业业务流动性风险管理，2017年，银监会制定《关于银行业风险防控工作的指导意见》，要求金融机构将同业业务、投资业务、托管业务、理财业务等纳入流动性风险监测范围，制定合理的流动性限额和管理方案，降低对同业存单等同业融资的依赖度。对期限错配风险突出、批发性融资占比高的机构进行重点管控，督促同业存单增速较快、同业存单占同业负债比例较高的银行，合理控制同业存单等同业融资规模。2018年，银保监会修订《商业银行流动性风险管理办法》，进一步强化流动性匹配率、优质流动性资产充足率等流动性监管指标管理，抑制银行“借短配长”。

专题九　金融数字化对我国中小银行的影响

近年来，科技与金融不断融合，金融数字化进程快速发展。中小银行借力金融科技，构建数字化管理系统，提升数字化管理水平，金融服务的可获得性和经营效率大幅提高。但同时，由于中小银行在技术、资金等方面比较优势不足，面对激烈的同业竞争，经营管理模式面临挑战。为构建更加优化的银行体系结构，应在坚持银行差异化发展战略的基础上，增强对中小银行数字化发展的支持与监管。

一、中小银行金融数字化的探索与实践

（一）重点布局互联网贷款业务，信贷可获得性提高

中小银行依托金融科技实现线上展业，简化融资手续，提升融资效率，触达更多长尾客户，互联网贷款业务发展快于其他数字化金融业务。如某农商行推出一次授信、线上放款、三年随借随还模式，客户现场一次签订合同，三年内可通过手机银行等自助模式完成放款还款。某直销银行聚焦传统银行服务较为薄弱的长尾客群，截至2020年末，服务用户突破5100万人，在线累计投放贷款3000亿元，累计为7万多建档立卡贫困户发放贷款近6亿元，笔均普惠信贷金额不到1万元。

（二）构建数字化管理系统，风控能力进一步升级

部分中小银行运用大数据技术，结合业务优势，建立特色数据系统，提升业务管理效能。如某城商行基于大数据、知识图谱和人工智能技术搭建智能风控场景，已在反欺诈场景中应用，提升个人征信的广度和精度，降低风控成本。再如，某城商行建立了风险评级数据模型和策略，建立“技防+人防”风险识别和管控体系，通过大数据模型辅助决策，弥补传统信贷技术的不足。

（三）线下金融服务智能化发展，服务效率显著提升

随着金融数字化的推进，金融服务逐步向智能化和自助化发展。中小银行依托智能柜员机、无纸化平台、智能排队填单系统等，进一步精简优化业务办理流程，线下金融服务效率显著提升。如某农商行智能柜员机为相关交易平均耗时减少65%，智能排队填单系统将客户平均等待时间、平均交易时间

分别减少3.3分钟、2.7分钟。再如，某城商行研发优化流程机器人，应用于信贷、客户管理等场景，每年节省人工2万余小时，业务操作准确率达到95%以上，有效提升业务处理效率30%以上。

二、金融数字化进程对中小银行的挑战

（一）同业竞争加剧，中小银行传统业务受到挤压

随着大型银行依托科技优势实现业务下沉，中小银行的传统业务受到挤压。大型银行加速数字化转型，依靠规模优势和研发投入，较快建立了先进的信息系统和完备的科技支持。截至2021年末，24家主要金融机构[①]已有11家发起成立了金融科技子公司。大型银行风险防控能力和用户画像水平不断提升，获客能力持续增强，业务下沉后，中小银行部分优质客户流向大型银行，同业竞争加剧。

（二）金融数字化需要高投入，中小银行比较优势不足

人工智能、区块链、云计算、大数据等金融科技需要基础设施系统和高素质人才支持。与大型银行相比，中小银行在资金、技术、人才等方面处于劣势，发展金融科技的高成本持续投入及后期运营维护的压力较大，缺乏规模效应。部分银行金融科技方面资金投入不足，金融科技投入仅占营业收入的1%，部分村镇银行甚至无法实现简单的业务线上化功能。

（三）风险管理难度加大，传统风控管理面临转型

金融数字化模式下，风险管理从原有的信贷记录、收入证明、资产证明等线下评审转变为基于商业场景、行为特征的线上标准化大数据风控系统审核，风控模式由人工审核过渡到人工与模型共同审核，甚至完全由系统进行判断，对风险模型管理提出了更高要求。与大型银行相比，中小银行缺乏技术优势与信息库优势，部分线上产品审核中存在系统漏洞，难以精准识别风险。

（四）中小银行对金融科技平台更为依赖，自主经营能力弱化

受限于技术薄弱和消费场景缺乏，中小银行线上自营获客能力不足，普遍通过与金融科技平台合作的方式开展线上业务。部分金融科技平台利用科技优势，控制营销通道和客户触达，借贷产品核心风控环节依赖

① 24家主要金融机构包括国家开发银行、进出口银行、农业发展银行、中国工商银行、中国农业银行、中国银行、中国建设银行、交通银行、中国邮政储蓄银行、中信银行、中国光大银行、华夏银行、中国民生银行、招商银行、兴业银行、广东发展银行、平安银行、浦发银行、恒丰银行、渤海银行、浙商银行、北京银行、上海银行、江苏银行。

平台完成，中小银行自主获客、风控能力弱化。

三、下一步工作考虑

（一）坚持差异化发展战略，构建良性互补的银行体系结构

引导大、中、小型银行发挥自身优势、错位竞争，制定与业务发展战略相匹配的数字化转型战略。国有大型银行作为国民经济的金融支柱，带头落实国家战略和宏观调控要求；股份制银行体制灵活、激励充足、历史包袱小，重点培育特色领域与专长业务；城市商业银行可将地方经济、小微企业和城乡居民作为主要服务对象，深耕城区基层小微市场；农村中小金融机构坚持支农支小的市场定位，增强服务“三农”能力，持续支持乡村振兴。

（二）中小银行合理借助外部资源推进数字化转型

优化中小银行与科技公司的合作模式，明确双方的权责边界，强化中小银行在合作中的自主经营能力，建立健全全面风险管理体系，坚持授信审查、风险控制等核心业务环节不外包。在农村中小金融机构数字化进程中，省联社需要充分发挥服务功能，制定辖内农村中小金融机构数字化转型规划，推动技术成果共享、推广和应用，协助农村中小金融机构培养和引进金融科技人才。

（三）运用科技手段提升对金融数字化的监管效能

加快监管科技的全方位应用，提升监管智能化、远程化、实时化水平，增强对中小银行的监测管理能力。对金融科技创新实施穿透式监管，实现风险监测管理“看得懂、穿得透、控得住、管得好”。出台针对金融科技公司的监管政策，筑牢金融与科技的风险“防火墙”。

专题十　公募基金流动性风险压力测试

2022年1月，人民银行开展公募基金流动性风险压力测试，评估我国公募基金应对极端赎回冲击的流动性管理能力。

一、压力测试基本情况

测试对象。选取2021年末存续的8629只公募基金进行压力测试。

测试模型。通过考察不同压力情景下参试公募基金应对赎回需求的流动性缺口，评估公募基金在不同程度流动性冲击下的应对能力。选取净赎回率代表公募基金面临的流动性冲击，根据各类公募基金历史申购赎回数据模拟不同压力情景下可能面临的赎回需求。将公募基金所持资产分为14类，按流动性不同分别赋予相应权重，根据2021年末公募基金资产负债表数据计算每只公募基金流动性加权资产总额，并对公募基金在投资、运营中因质押融资、费用计提等产生的负债进行扣减，得到可用于应对赎回需求的流动性加权资产净额。若参试公募基金流动性加权资产净额在压力情景下可以应对赎回需求，则通过压力测试。

压力情景。按照投资对象和投资策略的不同，公募基金可分为普通股票型基金、被动指数型基金、中长期纯债型基金等23个类型，不同类型公募基金历史净赎回率分布之间存在差异。根据历史申购赎回数据对每一类型公募基金按照赎回冲击程度设置轻度和重度2个压力情景，分别对应10%和5%置信水平下的净赎回率水平（见表2-6）。

表2-6　各压力情景下赎回冲击

基金类型	轻度压力情景	重度压力情景
	净赎回率（%）	净赎回率（%）
	VAR（0.1）	VAR（0.05）
普通股票型基金	30.49	42.31
被动指数型基金	31.25	45.67
增强指数型基金	28.39	43.55
偏股混合型基金	28.32	40.35
平衡混合型基金	21.65	29.44

续表

基金类型	轻度压力情景	重度压力情景
	净赎回率（%）	净赎回率（%）
	VAR（0.1）	VAR（0.05）
偏债混合型基金	37.61	52.81
灵活配置型基金	32.35	49.97
中长期纯债型基金	31.12	51.74
短期纯债型基金	53.8	71.78
混合债券型一级基金	38.45	52.57
混合债券型二级基金	36.49	52.1
被动指数型债券基金	50.42	67.41
增强指数型债券基金	14.41	25.29
货币市场型基金	37.2	53.49
股票多空型基金	43.27	56.16
商品型基金	38.6	51.59
国际（QDII）股票型基金	24.93	39.61
国际（QDII）混合型基金	20.16	27.49
国际（QDII）债券型基金	28.62	39.93
国际（QDII）另类投资基金	24.54	35.25
股票型FOF基金	36.65	37.02
混合型FOF基金	22.66	35.43
债券型FOF基金①	—	—

注：①此类基金申购赎回率数据不足，予以剔除。
数据来源：Wind.

二、压力测试结果

压力测试结果显示，我国公募基金流动性管理能力整体较强。在轻度压力情景下，仅有1只短期纯债型基金未通过测试，占比0.01%，测试结果与上期大致持平。在重度压力情景下，未通过测试的公募基金为83只，占比0.96%，较上年上升12只、下降0.24个百分点（见表2-7）。

表2-7　未通过压力测试基金数量和占比

基金类型	参试基金数（只）	未通过数量（家）		占比（%）	
		轻度	重度	轻度	重度
普通股票型基金	483	0	0	0.00	0.00
被动指数型基金	1017	0	2	0.00	0.20
增强指数型基金	149	0	0	0.00	0.00
偏股混合型基金	1575	0	0	0.00	0.00
平衡混合型基金	20	0	0	0.00	0.00
偏债混合型基金	604	0	1	0.00	0.17
灵活配置型基金	1497	0	2	0.00	0.13
中长期纯债型基金	1677	0	0	0.00	0.00
短期纯债型基金	203	1	57	0.49	28.08
混合债券型一级基金	89	0	1	0.00	1.12
混合债券型二级基金	409	0	8	0.00	1.96
被动指数型债券基金	157	0	11	0.00	7.01
增强指数型债券基金	1	0	0	0.00	0.00
货币市场型基金	333	0	0	0.00	0.00
股票多空型基金	25	0	1	0.00	4.00
商品型基金	30	0	0	0.00	0.00
国际（QDII）股票型基金	99	0	0	0.00	0.00
国际（QDII）混合型基金	38	0	0	0.00	0.00
国际（QDII）债券型基金	0	0	0	0	0
国际（QDII）另类投资基金	17	0	0	0.00	0.00
股票型FOF基金	1	0	0	0.00	0.00
混合型FOF基金	204	0	0	0.00	0.00
债券型FOF基金	1	0	0	0.00	0.00
总计	8629	1	83	0.01	0.96

第三部分

构建系统性金融风险防控体系

2021年，国际社会继续完善宏观审慎政策框架，推动落实国际金融监管改革措施，积极应对新冠肺炎疫情冲击，平衡应对疫情和维护中长期金融稳定的关系，着力解决非银行金融中介等部门在疫情中暴露出的脆弱性。我国在借鉴国际经验的基础上，不断完善系统性金融风险防控体系，强化系统性风险监测评估，加强宏观政策协调。

一、国际金融监管改革及落实进展

（一）防范"大而不能倒"

更新全球系统重要性银行（G-SIBs）名单。2021年11月，金融稳定理事会（FSB）公布基于2020年末数据测算的G-SIBs名单，30家银行入选（见表3-1），名单与2020年相

表3-1　全球系统重要性银行

组别（附加资本要求）	全球系统重要性银行
5（3.5%）	空
4（2.5%）	美国摩根大通集团
3（2.0%）	法国巴黎银行
	美国花旗银行
	汇丰银行
2（1.5%）	美国银行
	中国银行
	英国巴克莱银行
	中国建设银行
	德意志银行
	美国高盛集团
	中国工商银行
	三菱日联金融集团
1（1.0%）	**中国农业银行**
	纽约梅隆银行
	瑞士信贷
	法国大众储蓄银行
	法国农业信贷银行
	荷兰安智银行
1（1.0%）	日本瑞穗实业银行
	美国摩根士丹利集团

续表

组别（附加资本要求）	全球系统重要性银行
1（1.0%）	加拿大皇家银行
	西班牙桑坦德银行
	法国兴业银行
	渣打银行
	美国道富银行
	日本三井住友金融集团
	加拿大多伦多道明银行
	瑞银集团
	意大利裕信银行
	美国富国银行

资料来源：FSB《2021年全球系统重要性银行名单》，2021年11月。

同，但个别银行分组有所变化。其中，美国摩根大通集团由第3组升至第4组，法国巴黎银行由第2组升至第3组，美国高盛集团由第1组升至第2组。每年11月G-SIBs名单更新后，入选的银行将于14个月后开始实施更高的资本要求。

（二）推动有效处置机制建设

稳步推进总损失吸收能力（TLAC）要求的实施。所有非新兴市场G-SIBs，均已提前满足了2022年风险加权资产18%和杠杆率分母6.75%的TLAC要求。新兴市场经济体TLAC规制取得重大进展，中国发布外部TLAC要求。TLAC工具发行量受疫情影响有所减少，2020年下半年共发行1550亿美元，2021年上半年共发行2900亿美元，均低于前一年同期2050亿美元和3050亿美元的水平。内部TLAC要求落实进展缓慢，且各经济体分配TLAC的方法存在差异。许多G-SIBs开始披露TLAC水平，但少有披露内部TLAC情况及分支机构层面损失吸收顺序方面的信息。

推动《金融机构有效处置机制核心要素》实施。根据FSB评估结果，各行业落实《金融机构有效处置机制核心要素》的进度不一。银行业落实进展最好，所有G-SIBs均完成了2021年度可处置性评估，但银行在处置中保持持续经营以及接入金融基础设施的制度安排还需完善。保险业方面，部分经济体缺少转移资产、要求机构自救等处置权力，保险业处置机制建设也主要针对此前认定的全球系统重要性保险机构（G-SIIs）。鉴于G-SIIs认定可能于2022年正式停止，FSB将会同国际保险监督官协会（IAIS）研究保险业处置机制的适用范围。中央对手方（CCPs）方面，13家在一个以上经济体具有系统重要性的CCPs均已建立了危机管理小组

（CMGs）并按要求制定处置计划。随着欧盟CCPs恢复和处置条例于2021年2月生效，13家CCPs的母国均已建立了CCPs处置的法律框架。

（三）应对非银行金融中介脆弱性

持续监测非银行金融中介体系。2021年12月，FSB基于2020年末数据发布《2021年全球非银行金融中介监测报告》，涵盖了29个经济体。广义估算结果显示，2020年末全球非银行金融中介规模达226.5万亿美元，同比增长7.9%，约占监测经济体金融资产的48.3%。狭义估算结果显示，全球非银行金融中介规模达63万亿美元，同比增长7.2%，相当于监测经济体金融资产的13.6%。其中，中国非银行金融中介狭义口径规模为9.3万亿美元，位列美国（18.9万亿美元）和欧元区（15.4万亿美元）之后。

增强非银行金融中介韧性。一是增强货币市场基金韧性。针对货币市场基金易遭受大规模赎回冲击并引发资产抛售的问题，FSB于2021年10月发布《增强货币市场基金韧性的政策建议》，提出了使赎回方承担部分赎回成本、计提资本缓冲或最低在险余额、提出更高的流动性监管要求等方面的政策建议。二是解决保证金机制的潜在问题。疫情期间全球金融市场大幅波动，引发大幅追加保证金要求，冲击了市场参与者的流动性风险管理能力。支付与市场基础设施委员会（CPMI）、国际证监会组织（IOSCO）和巴塞尔银行监管委员会（BCBS）在2021年联合对保证金实践进行了调研，发现市场主体对追加保证金要求的应对能力差异很大，可能加剧市场压力水平。为此，相关标准制定机构建议提高保证金变动规则的透明度，并在变动规则中引入逆周期调节机制。

（四）应对气候相关金融风险

国际社会针对气候风险管理开展了大量工作。2021年7月，FSB发布《应对气候相关金融风险路线图》，主要包括提升机构在气候变化风险管理方面的信息披露水平、夯实相关数据基础、强化气候相关风险监测以及开发应对气候相关脆弱性的监管工具箱等四方面内容。11月，BCBS发布《有效管理和监管气候相关风险的指导原则（征求意见稿）》，从公司治理、内部控制、资本和流动性管理、风险管理流程、监测与报告等方面为银行管理气候相关风险提供指导，并对监管机构的监管原则提出建议。央行与监管机构绿色金融网络（NGFS）根据气候升温目标、政策转型力度等因素，将气候模型与宏观经济模型结合，开发了一套较为完善的气候情景，为各国开展气候情景分析和压力测试提供基础。11月，国际财务报告准则基金会（IFRS）宣布成立国际可持续标准委员会（ISSB），拟研究推出国际通行的气候相关监管报告标准。

（五）研究加密资产监管

国际社会近年来持续关注加密资产可能带来的金融稳定风险，认为其可能通过金融机构直接持有敞口、财富效应、信心效应、支付结算等风险传导渠道对传统金融体系产生影响，重点关注全球稳定币[①]的潜在风险和监管漏洞。FSB于2020年10月发布了关于全球稳定币监管的10条高级别建议，呼吁赋予监管部门充分的工具和权力，实行功能监管，要求全球稳定币建立充分的治理架构和风险管理机制，制定恰当的恢复处置计划等。2021年6月，BCBS发布加密资产审慎监管规则的征求意见稿，将加密资产按照形式、底层资产、合同条款等条件分为两类，对于风险较低的一类加密资产，计量信用风险加权资产时基本参照巴塞尔协议Ⅲ现行框架处理；对于风险较高的二类加密资产，采用更简单保守的方法，直接适用1250%的风险权重。2021年10月，CPMI、IOSCO向市场公开征求意见，拟将《金融市场基础设施原则》适用于具有类似金融市场基础设施转移支付功能的稳定币。

（六）监测国际金融监管改革落实情况

一是大部分经济体已经落实了巴塞尔协议III关于杠杆率、净稳定融资比例和大额风险暴露的要求，但2017年出台的部分要求远未落实。二是FSB《稳健薪酬实践原则和标准》在银行业落实情况较好，但在保险业和资产管理行业仍需加快落实。三是场外衍生品市场改革进展缓慢。四是国际社会继续推动全球法人识别编码（LEI）的应用，截至2021年末，共有33个经济体取得发码资格，超过204万个法人申请获得LEI编码。

（七）继续加强疫情应对政策协调

FSB梳理并评估了成员经济体疫情应对政策，认为成员经济体的绝大部分疫情应对政策充分利用了国际标准灵活性，例如释放逆周期资本缓冲、允许享受政府担保的贷款适用主权风险权重等，但部分政策为应对极端情况超出了灵活性范畴，可能对国际标准有效性产生影响。同时，FSB对疫情应对政策的退出进行了分析，认为政策退出太早会削弱经济复苏动能，对金融稳定造成冲击，但政策退出太晚会导致资产错误定价、金融资源分配不合理、债务水平升高、道德风险上升等诸多问题，使得金融脆弱性不断累积。为协调各经济体政策有序退出，FSB于2021年发布《新冠肺炎疫情支持措施：延期、调整和退出》，建议可采取缩小政策支持范围使其

① 稳定币（stablecoin）是指维持对某类或一揽子资产价值稳定的加密资产。全球稳定币指可能在多个经济体内广泛大量使用的稳定币。

更加精准、调整政策适用方式、逐渐减少政策支持力度等措施逐步退出支持政策。

二、主要经济体实践

（一）美国

系统性风险监测和评估。2021年11月，美联储发布金融稳定报告，评估2021年以来美国金融稳定形势及面临的脆弱性。报告指出，美国风险资产价格普遍上涨，多数资产估值处于历史高位；企业和家庭债务脆弱性回到疫情前水平；银行和证券公司杠杆率保持低位，寿险公司和对冲基金杠杆率较高；国内银行融资风险较低，但部分货币市场基金、债券和银行贷款共同基金以及稳定币存在结构脆弱性。美国金融体系面临的短期风险有：公共卫生状况的潜在恶化可能导致企业和家庭信心下降；利率急剧上升可能减缓经济复苏步伐，导致资产估值下降；全球金融条件陡然趋紧对新兴市场经济体造成不利影响，并波及美国；欧洲经济复苏慢于预期可能给金融体系带来压力，并对美国产生影响。

开展压力测试。2021年6月，美联储公布了针对23家大型银行开展压力测试（DFAST 2021）的结果。结果表明，参试银行均通过压力测试，有充足的资本吸收损失。其中，重度压力情景假设全球经济严重衰退，市场避险情绪加剧，金融资产价格波动加大，美国实际GDP累计下降4%，并于2022年第三季度到达最低点，失业率在2022年第三季度攀升至10.75%的峰值。在此情景下，参试银行整体核心一级资本充足率由2020年末的13.0%降至窗口期内最小值10.6%，但仍是最低要求（4.5%）的两倍多，预计总损失为4740亿美元。基于压力测试结果，各参试银行临时性股息分配和股票回购限制已于2021年6月30日到期解除，并于2021年10月起恢复压力资本缓冲（SCB）监管要求。

完善宏观审慎政策框架。随着经济持续复苏，部分针对新冠肺炎疫情的临时监管政策恢复正常，包括结束紧急贷款借贷便利计划，补充杠杆率（SLR）豁免措施按计划到期，大型银行资本监管回归常态，根据压力测试结果取消大型银行股息分配和股票回购限制等。此外，监管部门在其他方面的政策行动还包括：扩大实施净额结算的金融机构范围，以降低金融体系风险并提高效率；针对银行与金融科技公司等第三方的合作日益密切，发布相关指南，帮助银行评估金融科技公司相关业务风险；多部门联合发布关于规范加密资产监管的政策声明和未来工作路线图；加强网络安全事件信息共享，发布监管规则要求银行在发生重大网络事件后及时向监管部门报告。

（二）欧盟

系统性风险监测和评估。2021年11月，欧央行（ECB）发布金融稳定报告，指出欧元区经济状况的改善降低了金融稳定短期风险，但中期脆弱性上升。一是得益于经济复苏和有利的融资条件，主权债务和企业债务风险在短期内得到遏制，但债务高企推高了中期脆弱性。二是欧元区银行盈利能力有所提升，但仍低于其他国家和地区，随着政府支持措施的退出，银行资产质量问题值得关注，经营效益低、收入来源有限、低利率环境下利润率被压缩等结构性问题依然存在。三是房地产和金融市场持续繁荣，未来可能出现回调。四是绿色金融市场快速发展，但“漂绿”风险值得关注。随着短期风险下降和中期风险上升，政策正在由短期支持转向应对中期脆弱性，加强银行和非银行金融机构监管对维护金融体系稳定也至关重要。

开展压力测试。2021年7月，欧洲银行管理局（EBA）公布了欧盟全域银行业压力测试结果。测试包括15个国家共50家银行，涵盖银行业资产规模的70%。其中，不利情景假设实际GDP继续下降（三年窗口期累计下降3.6%），失业率冲高至12.1%，住宅和商业房地产价格大幅下跌，利率持续走低。在此情景下，参试银行整体承压能力较强，核心一级资本充足率由2020年底的15.0%降至10.2%，信用损失和收入下降是导致资本比率降低的主要因素。

完善宏观审慎政策框架。欧央行根据最新压力测试结果确认第二支柱资本指引要求，部分国家重新调整逆周期资本缓冲（CCyB）、系统性风险缓冲（SyRB）和系统重要性机构附加资本要求。针对住宅房地产市场脆弱性上升，一些国家提高了房地产贷款的风险权重，部分国家加强了对贷款价值比（LTV）和偿债收入比（DSTI）的限制。此外，欧央行还完善相关监管政策，以维护金融体系长期韧性，主要包括：发布立法提案，在欧盟范围内实施巴塞尔协议Ⅲ最终改革方案；通过“偿付能力Ⅱ一揽子审查”，修订偿付能力Ⅱ指南并引入新的保险恢复和处置指令；加强非银行金融机构监管等。

监测非银行金融中介业务。2021年8月，欧洲系统性风险委员会（ESRB）发布欧盟非银行金融中介监测报告。截至2020年末，欧盟非银行金融中介规模约为39.4万亿欧元[①]，较2019年增长1.5%。非银行金融中介面临的风险包括周期性风险和结构性风险。其中，周期性风险包括：欧洲以及全球经济复苏节奏的不确定性；企业和公共部门债务增加，相关信用风险上升；资产价格增长强劲与经济复苏不平衡，可能导致市场无序调整；部分市场流动性风险较大。结构性风险包括：一些非银行金融中介（包括投资基金）流动性风险和期限转换风险增加，部分投资基金（对冲基金）杠杆率上升；非银行金融中介内部，以及跨行业和跨区域的高度关联性导

① 统计数据不包含英国数据。

致风险交叉传染；长期低利率环境增加非银行金融中介的脆弱性等。

（三）英国

系统性风险监测和评估。2021年12月，英格兰银行金融政策委员会（FPC）发布金融稳定报告称，英国和全球经济继续从新冠肺炎疫情冲击中复苏，但公共卫生和经济前景的不确定性仍然存在。具体来看，英国银行业资本和流动性充足，有能力向实体经济提供贷款；休假计划和贷款延期偿付政策结束后，家庭部门财务状况仍保持韧性，尽管房价快速上涨，但抵押贷款与收入之比保持稳定，远低于金融危机前的水平；随着经济复苏和政府支持政策的退出，企业破产有所增加，但低于疫情前水平，总体而言企业部门债务脆弱性增长相对温和；全球债务脆弱性依然严重，可能对英国产生溢出效应；部分金融市场风险偏好较高，杠杆贷款市场风险有所增加。

开展压力测试。2021年12月，英格兰银行发布了针对8家大型银行（含住房和建筑业协会）开展偿付能力压力测试的结果。测试设置了严峻的宏观经济情景假设，包括全球经济深度持续衰退、利率持续低位、资产价格大幅下跌、失业率大幅上升。在此情景下，8家参试银行均通过测试，整体核心一级资本充足率和杠杆率分别由2020年底的15.9%和5.7%最低降至10.5%和4.8%，均高于7.6%和3.7%的参考标准。信用风险损失是资本消耗的主要原因，影响核心一级资本充足率下降4.9个百分点。

完善宏观审慎政策框架。英国金融体系的脆弱性已恢复到疫情前水平，但疫情演变和经济前景仍存在不确定性，若下行风险加大，金融体系仍需给予实体经济更多支持。基于上述判断，FPC将逆周期资本缓冲比率（CCyB）提高至1%，于2022年12月13日实施，若经济持续复苏且金融稳定前景不变，将在2022年第二季度将CCyB提高至2%，并于2023年第二季度生效。

三、我国实践

2021年，我国继续加强金融改革发展和稳定政策协调，强化宏观审慎管理体制和政策框架，完善风险监测识别体系，积极采取多项宏观审慎政策措施。

进一步加强金融稳定政策协调。金融委办公室继续加强制度建设。一是建立金融风险问责制度，金融委对重大金融风险形成及处置中的不当行为，按程序对责任单位和责任人员问责；二是建立打击“逃废债”通报制度，地方政府、行业主管部门、金融管理部门通报债券市场发生的“逃废债”等违法违规行为，对发行人、中介机构等进行自律惩戒，依法依规向社会公开，金融委办公室地方协调机制敦促金融管理部门派出机构、地方国企、地方政府等做好落实；三是加强风险信息共享，金融委成员单位或金融管理部门派出机构按照监管职责分工，向地方通报金融运行和风险信息，督促落实各方责任，维护区域金融稳定；四是规范行业自律发展，鼓励自律组织强化主动作为，强化自律组织与金融管理部门协调配合。地方协调机制在金融委办公室的指导下，推动落实党中央、国务院及金融委部署，强化与地方金融工作协调配合，促进地方金融生态改善，维护区域金融稳定，推动服务实体经济、化解金融风险、深化区域金融改革等重点工作取得实效。

加强系统性风险监测评估。人民银行持续做好银行业、证券业、保险业、金融市场的风险监测工作，及时预警风险，研提应对之策。稳步推进央行金融机构评级工作，按季对全国4000多家金融机构开展央行金融机构评级，识别银行业风险。组织对全部4000多家银行业金融机构进行压力测试，及时进行风险提示，引导金融机构稳健经营。探索建立银行业风险预警指标体系，建立预警银行定期跟踪分析机制，及时发现苗头性风险。继续开展公募基金流动性风险压力测试，运用金融市场压力指数监测股票、债券、货币和外汇等市场风险。积极开展保险公司稳健性现场评估和非现场监测，密切跟踪偿付能力不足的保险公司风险状况。继续开展大型有问题企业风险监测，加强对宏观经济形势、区域金融风险及房地产等特定行业趋势的研判。探索开展针对部分重点省份的气候风险压力测试，分析高碳行业成本上升对区域金融风险的潜在影响。

发布《宏观审慎政策指引（试行）》。2021年12月，人民银行发布《宏观审慎政策指引（试行）》，明确了建立健全我国宏观审慎政策框架的主要要素。一是界定了宏观审慎政策相关概念，包括宏观审慎政策框架、系统性金融风险、宏观审慎管理工作机制等；二是阐述了宏观审慎政策框架的主要内容，包括宏观审慎政策目标、系统性金融风险评估、宏观审慎政策工具、传导机制和治理机制等；三是提出了实施好宏观审慎政策所需的支持保障和政策协调要求。《指引》的发布是建立健全我国宏观审慎政策框架的重要举措，有助于构建运行顺畅的宏观审慎治理机制，推动形成统筹协调的系统性金融风险防范化解体系，促进金融体系健康发展。

加强金融控股公司监管。不断健全金融控股公司监管制度体系，2021年3月，《金融控股公司董事、监事、高级管理人员任职备案管理暂行规定》发布，按照专业适当性要求，明确金融控股公司董监高人员应具备与职务相适应的知识、经验和能力，促进形成专业管理队伍，防范关键人员风险，规范公司运作。依法依规开展金融控股公司准入管理和持续监管，人民银行稳妥有序推动具备规定设立情形的非金融企业申设金融控股公司，有效隔离金融与实业，防范风险交叉传染，实现金融股权集中统一管理。2022年3月，人民银行批准了中国中信金融控股有限公司（筹）和北京金融控股集团有限公司的金融控股公司设立许可。2022年9月，人民银行批准了招商局金融控股有限公司的金融控股公司设立许可。

完善系统重要性金融机构监管。2021年10月，人民银行、银保监会首次发布我国国内系统重要性银行名单，共19家，包括6家国有商业银行、9家股份制商业银行和4家城市商业银行。同时，发布配套的《系统重要性银行附加监管规定（试行）》，从附加资本和附加杠杆率、恢复计划和处置计划、信息报送与披露等方面提出监管要求。

持续加强网络金融平台监管。按照党中央、国务院关于反垄断和防止资本无序扩张、加强平台经济监管的决策部署，金融管理部门持续出台推动互联网金融规范健康发展的措施。审慎监管方面，要求符合规定设立情形的平台依法申请设立金融控股公司，将集团内从事银行、证券、保险等金融活动的机构全部纳入金控公司监管，完善公司治理，强化防火墙建设，依法合规开展金融业务。支付业务方面，发布《非银行支付机构客户备付金存管办法》，起草《非银行支付机构条例（草案送审稿）》，强化支付机构监管；推进平台企业支付业务整改，推动断开支付工具和其他金融产品的不当连接，支付业务逐步回归本源；鼓励引导大型平台开放封闭支付场景，给消费者更多选择。征信业务方面，出台《征信业务管理办法》，将平台开展的以替代数据为主要内容的个人信用信息服务依法纳入征信监管，规范征信领域个人信息保护及信息主体各项合法权益；要求平台全面剥离个人征信相关业务，通过持牌个人征信机构向金融机构提供信用信息服务。金融营销宣传监管方面，起草《金融产品网络营销管理办法》，统一金融产品网络营销的管理要求，补齐平台与金融机构合作开展金融业务的监管制度短板。金融消费者权益保护方面，督促平台切实承担金融消费者权益保护主体责任，建立健全平台内部金融消费者权益保护体制机制，规范消费者金融信息采集使用、金融营销宣传行为和格式合同使用，切实保护金融消费者长远和根本利益。

推动资管行业规范整改，有效化解影子银行风险。2018年以来，人民银行会同相关部门制定实施资管新规及配套细则，建立全覆盖的产品统计制度，加强监管沟通协调，审慎把握整改节奏，压实机构主体责任，推动资管业务按计划有序整改。资管新规过渡期已于2021年底如期结束，资管整改成效显著，计划在过渡期内处置的存量资产已清零，拟在过渡期后处置的个案资产已锁定，通道类业务规模大幅压降，产品净值化比例明显提升，打破刚性兑付的法治环境逐步改善，监管套利行为得到有效遏制，影子银行风险持续收敛。

加强跨境资本流动宏观审慎管理。一是完善全口径跨境融资宏观审慎管理。人民银行、外汇局根据宏观经济形势和国际收支状况，调整金融机构和企业跨境融资宏观审慎调节参数，并扩大跨境融资宏观审慎管理的覆盖面，在提高跨境融资宏观审慎管理有效性的同时，根据金融机构规模分类施策，保证政策合理有序衔接，引导金融机构市场化调节外汇资产负债结构。二是进一步优化银行境外贷款宏观审慎管理。2022年1月，人民银行与外汇局联合发布《关于银行业金融机构境外贷款业务有关事宜的通知》，将银行境外贷款相关的跨境资金流动纳入宏观审慎管理政策框架，建立本外币一体化的银行境外贷款政策，明确境内银行境外贷款余额不得超过上限。同时，视情况对境外贷款杠杆率、宏观审慎调节参数、汇率风险折算因子进行动态调整。目前宏观审慎调节参数设置为1，汇率风险折算因子设置为0.5。

纵深推进金融业综合统计工作成效明显。建立并全面实施金融机构资产管理产品统计、金融控股公司统计和系统重要性银行统计制度，为防范化解系统性风险提供了信息支持。建立线上联合消费贷款统计和地方金融组织统计制度，有效刻画金融新业态的发展。建立金融基础数据统计和债券统计制度，为宏观调控提供多维度、细颗粒的数据支持。建立保险业、证券业资产负债统计制度，提升资金流量表和全国金融业资产负债表的编制效率。持续加强货币信贷统计和社会融资规模统计，不断完善精准扶贫、绿色、小微、普惠等贷款专项统计，反映金融体系对国民经济重点领域和薄弱环节的信贷政策执行效果和支持力度。

专题十一 金融稳定立法的国际经验

2008年国际金融危机凸显了系统性金融风险的危害，暴露了传统金融监管体系在识别和应对系统性金融风险方面的缺陷。危机后，主要发达经济体以防范化解系统性金融风险为目标，通过专门立法，强化金融监管和风险处置机制建设，构建起统一高效、协调有力的金融稳定制度架构。

一、国际金融稳定立法实践

在对2008年国际金融危机深刻反思的基础上，发达经济体通过立法对传统金融监管体制进行彻底的变革，美国出台《多德—弗兰克华尔街改革和消费者保护法案》，欧盟出台《泛欧金融监管改革法》，德国出台《金融稳定法》。总的看来，发达经济体金融稳定立法的方向基本一致，主要内容包括：

（一）健全金融稳定工作机制

主要经济体通过设立专门委员会统筹负责金融稳定，强调快速决策，明确责任分工，加强部门合作。普遍将央行、金融监管部门、财政部门纳入委员会，并赋予其监测、识别、评估和协调处置系统性金融风险的广泛权力。如美国设立金融稳定监督委员会（FSOC），由财政部、美联储等十个联邦金融监管机构负责人担任委员，负责系统性金融风险监测、识别和协调处置，并有权拆分严重威胁金融稳定的机构。欧盟成立欧洲系统性风险委员会（ESRB），由欧央行、成员国中央银行、欧盟金融监管部门负责人等担任委员，负责建立早期金融风险预警机制，制定应对系统性金融风险的政策措施，并统筹协调成员单位间的分工合作和信息共享。

（二）加强宏观审慎监管

健全宏观审慎政策框架。主要经济体重点加强宏观、逆周期、跨市场的调节，减缓金融顺周期行为和风险跨部门传染对宏观经济和金融稳定的冲击。

加强系统重要性金融机构监管。金融稳定理事会（FSB）和巴塞尔银行监管委员会（BCBS）等国际组织评估发布全球系统重要性金融机构（G-SIFIs）名单，提出一系列更加严格的监管标准和要求，包括资本、杠杆率、流动性、风险管理等，并要求G-SIFIs制定恢复与处置计划，实现有序退出。美国、欧盟、英国、澳大利亚、新加坡等主要经济体都针对系统重要性金融机构制定了相关监管指引。

（三）健全金融风险监测预警与早期纠正制度

建立一体化全覆盖的金融风险监测预警体系。主要经济体普遍在立法中加强了风险监测职责、方式、手段等制度性规定。由此，美联储建立了系统性金融风险综合指标，评估金融体系的稳健性水平和发展趋势。欧盟ESRB构建了一套衡量系统性金融风险的指标体系，涵盖了系统性综合风险、宏观风险等八大类共一百余项指标。

充分发挥存款保险的早期纠正作用。美国联邦存款保险公司（FDIC）可以在投保银行出现问题时，独立或联合其他监管机构迅速启动早期纠正措施。FDIC根据银行的资本充足率、杠杆率等指标，可以采取从限制分红、支出、资产增长，到要求资本重组、剥离子公司、强制接管等一系列措施。由于FDIC的早期纠正措施具有强制执行和限期整改到位的法律效力，对问题银行依法、限期降低风险形成了极强的约束力。

（四）完善金融风险处置机制

主要经济体普遍建立了针对问题金融机构的市场化风险处置机制，降低对公共资金救助的过度依赖。美国设立有序清算机制，经财政部长批准，由FDIC对可能构成系统性金融风险的非银行金融机构实施接管，并可以采取收购承接、转移资产及负债、设立过桥机构等措施处置风险。欧洲单一处置机制（SRM）负责处置欧盟境内具有系统重要性的金融机构风险，并指导各成员国处置当局处置所有其他银行，措施包括接管、出售业务、过桥银行、资产剥离、内部纾困等。英国设立了特别处置机制，由稳定化措施、破产程序、管理程序三部分组成。其中，稳定化措施即司法程序之前的行政处置，手段包括私人部门收购、过桥银行和临时国有化等；破产程序类似于一般企业破产清算程序，但将破产申请权赋予金融监管机构；管理程序是收购承接的配套制度，在问题银行部分业务出售后，对剩余的基础性业务实施阶段性管理，在平稳过渡后剩余业务再退出市场。

（五）设立专门的风险处置基金

为满足系统性金融风险处置需求，危机后部分发达经济体建立了用于维护金融稳定的保障基金，并通过完善损失分摊等机制防范道德风险。美国设立有序清算基金，采取事后收费制。FDIC在接管问题机构后可向财政部借款形成有序清算基金，但借款额度有严格限制且须提供详尽的还款计划限期偿还。欧盟设立单一处置基金，采取事前累积制。由欧洲银行业联盟21个成员国的全部信贷机构和部分投资公司事前缴费出资，如损失过大，可进行事后收费。新加坡设立金融管理局处置基金，采取事后收费制。新加坡金管局先向处置基金提供贷款实施处置，若股东及无担保债权人出清后仍无法偿还贷款，处置基金须要求其他金融机构出资偿还，并有权将剩余处置收益分配给出资金融机构。

二、我国金融稳定立法总体思路

总的来看，各国普遍以防范化解系统性金融风险为核心，构建起统一高效、协调有力的金融稳定制度架构。对比而言，我国金融稳定法律制度还不够完善。如法律规定相对分散，缺乏统筹协调，部分规定过于原则；金融稳定工作机制不够健全，各方职责边界不够清晰；风险处置资金来源及使用顺序不明确、市场化法治化处置手段不足。有必要立足我国金融风险防范和处置实践，借鉴国际成熟做法和通行准则，坚持问题导向、目标导向，坚持市场化、法治化原则，加快制定《金融稳定法》，着力构建体系完备、有序衔接的金融稳定工作机制，健全完善风险事前防范、事中化解和事后处置的制度安排，建立健全市场化的风险处置机制、损失分摊和问责机制。

一是健全金融稳定工作机制，充分发挥党中央、国务院领导下国务院金融稳定发展委员会的统筹协调优势，权威高效地把握风险处置的时机、节奏和力度。二是明确责任分工，压实各方责任，加强央地之间、部门之间的协调配合，提升处置效率。三是建立风险防范制度安排，强化对金融风险的监测预警与早期纠正。四是健全风险处置措施工具箱，完善损失分摊和市场出清的法律依据，降低处置成本。五是建立处置资金池，明确风险处置资金来源和使用顺序，确保有序处置。

专题十二　出台《全球系统重要性银行总损失吸收能力管理办法》

2021年10月，人民银行、银保监会和财政部联合发布《全球系统重要性银行总损失吸收能力管理办法》（以下简称《管理办法》）。《管理办法》吸收了国际金融监管改革的最新成果，结合我国银行业实践，对国内全球系统重要性银行（G-SIBs）提出了总损失吸收能力（TLAC）监管要求，构建了全面的TLAC监管体系，有利于完善我国G-SIBs监管和风险处置的制度框架，引导G-SIBs进一步转变发展方式，更加注重业务发展与风险抵御能力相匹配，增强我国金融体系的稳定性和健康性。

一、《管理办法》出台的背景

针对2008年国际金融危机暴露出的“大而不能倒”问题，国际金融监管改革加强了对大型金融机构的监管。自2011年起，金融稳定理事会（FSB）每年发布G-SIBs名单。为防范系统性风险，降低政府承担危机救助成本的潜在道德风险，2015年11月，FSB发布《全球系统重要性银行总损失吸收能力条款》，明确了TLAC的国际统一标准，提出G-SIBs应具备充足的损失吸收能力，在陷入危机时，采取“内部纾困（bail-in）”的方式维持关键业务和服务功能的连续性，避免动用公共资金进行“外部救助（bail-out）”。根据FSB要求，多数国家或地区结合自身实际建立了TLAC监管框架。

2011年以来，中国银行、工商银行、农业银行和建设银行相继入选G-SIBs名单，表明其在国内和全球金融领域的影响力不断提升，同时四家银行也需满足更高的监管要求。根据FSB要求，新兴市场国家的G-SIBs于2025年起执行TLAC要求。作为G20、FSB和巴塞尔银行监管委员会（BCBS）的成员，我国出台《管理办法》是落实TLAC国际监管规则的必要措施，也有助于增强我国金融体系的稳健性。

二、《管理办法》的总体思路和主要内容

《管理办法》遵循适度前瞻、反映国情、与国际标准接轨的原则，以国内G-SIBs为监管对象，对TLAC定义、构成、指标要求、监督检查和信息披露等方面进行了全面规范。

明确TLAC监管指标要求。TLAC指

G-SIBs进入处置阶段时，可以通过减记或者转股等方式吸收损失的资本和债务工具的总和。TLAC监管指标包括风险加权比率和杠杆比率，分别指TLAC规模占银行风险加权资产和调整后表内外资产余额的比率，应于2025年初分别达到16%、6%，2028年初分别达到18%、6.75%。在满足上述最低要求的同时，G-SIBs还应满足储备资本要求、逆周期资本要求和系统重要性银行附加资本要求等资本监管要求。在确有必要的情况下，人民银行、银保监会有权针对单家银行提出更审慎的要求。

规范TLAC的构成和合格标准。除满足剩余期限1年以上的现有资本工具可全额计入TLAC外，《管理办法》规定符合条件的非资本债务工具也可计入TLAC。非资本债务工具的发行合同中须含有减记或者转股的条款，且在资本工具之后吸收损失。当G-SIBs进入处置阶段，且二级资本工具全部减记或转股后，人民银行、银保监会将视情况启动TLAC非资本债务工具的减记或者转股。此外，《管理办法》借鉴了相关国家的经验，允许将存款保险基金计入国内每家G-SIBs的TLAC。当TLAC风险加权资产比率要求分别为16%、18%时，可计入的存款保险基金上限为风险加权资产的2.5%、3.5%。

明确持有TLAC工具的资本扣减规则。为降低银行间的传染性风险，《管理办法》要求国内G-SIBs持有其他G-SIBs发行的TLAC非资本债务工具，须按照一定比例扣减投资行的二级资本。G-SIBs以外的其他商业银行投资TLAC非资本债务工具，无须扣减二级资本，应当按照资本监管的相关规定计算风险加权资产。考虑到国内金融债券市场投资者的特点，《管理办法》对资本扣减规则设置了过渡期，于2030年起实施。

强化监督检查。为确保国内G-SIBs具备充足的损失吸收能力，按时满足TLAC监管要求，人民银行将会同银保监会、财政部定期对G-SIBs实施《管理办法》情况进行监督检查，监督检查内容包括评估TLAC管理框架、审查TLAC工具的认定及TLAC比率的计量方法等。同时，《管理办法》将TLAC监管与国内G-SIBs的处置机制建设相结合，明确人民银行将会同有关部门定期组织召开跨境危机管理工作组会议，审查G-SIBs的恢复与处置计划，评估TLAC工具的可执行性。

完善信息披露机制。为强化市场约束，《管理办法》要求国内G-SIBs自2025年1月1日起，通过公开渠道披露TLAC有关信息，包括TLAC比率、TLAC工具规模、构成、期限等要素。未来随着巴塞尔协议Ⅲ在我国全面实施，国内G-SIBs还应按照要求进一步披露更加详细的TLAC信息。

三、稳妥实施《管理办法》，综合施策推动我国G-SIBs满足TLAC监管要求

《管理办法》于2021年12月1日起施行，

标志着TLAC监管要求在我国正式落地。目前，国内4家G-SIBs的TLAC风险加权比率距离2025年初的达标要求尚有差距，人民银行将会同银保监会、财政部做好系统规划，持续完善相关配套政策，推动《管理办法》平稳有序实施。

落实主体责任，确保按时达标。国内G-SIBs应继续巩固资本基础，强化内源资本积累，多举措扩大利润留存规模。推进TLAC工具的外源补充，统筹规划资本工具、TLAC非资本债务工具的发行，合理安排发行节奏。加快经营转型升级，优化资产结构，扩大资产证券化规模，合理降低边际资本消耗，增强对风险加权资产的精细化管理能力。人民银行将会同银保监会、财政部指导国内G-SIBs建立完善的TLAC内部管理机制，制定中长期TLAC达标规划，逐步达到监管要求。

推动TLAC工具发行，加大市场培育力度。从其他国家或地区发行TLAC非资本债务工具的情况看，其已成为G-SIBs重要的中长期主动负债工具，是金融市场上资质较优的固定收益类产品。相较于我国现有的国债、国开债，其绝对收益更高，相较于资本债券，其损失吸收顺序更为靠后，风险更低，期限更加灵活。在我国引入TLAC非资本债务工具，既可以拓宽国内G-SIBs的TLAC补充渠道，优化银行资产负债结构，增强风险抵御和信贷投放能力；又可以丰富债券市场产品序列，为投资者提供更多的投资配置选择。下一步，还应继续加大对TLAC非资本债务工具的市场培育力度，改善发行环境，拓宽投资者范围，鼓励国内G-SIBs赴境外市场发行TLAC非资本债务工具。

完善制度框架，夯实法律基础。在《管理办法》的基础上，研究TLAC信息披露、内部TLAC等规则，不断完善TLAC监管制度体系，提高G-SIBs在境内外的可处置性。此外，进一步细化和明确银行破产债权等级序列，在立法层面将TLAC非资本债务工具的清偿顺序和损失吸收能力考虑在内，更好地保障各类债权人处置阶段的合法权益，确保处置程序有序展开。

专题十三 健全系统重要性银行监管框架

系统重要性金融机构规模大，复杂性高，与其他金融机构关联性强，一旦出问题可能对金融体系和宏观经济运行产生较大的冲击。党中央、国务院高度重视系统重要性金融机构监管工作。2015年，十八届五中全会明确提出要统筹监管我国系统重要性金融机构。2017年，第五次全国金融工作会议明确，由人民银行牵头制定我国系统重要性金融机构评估与监管的基本规则。2018年11月，人民银行、银保监会和证监会联合发布了《关于完善系统重要性金融机构监管的指导意见》，明确银行业、保险业、证券业系统重要性机构评估识别与附加监管的总体制度框架。考虑到我国金融体系以银行业为主，系统重要性银行的稳健经营关系到金融体系的整体稳定，人民银行首先会同银保监会制定了我国系统重要性银行的评估识别与附加监管规则。

一、评估认定我国系统重要性银行

2020年12月，人民银行、银保监会根据我国具体情况并遵循国际规则，发布了《系统重要性银行评估办法》，明确我国系统重要性银行的评估范围、方法流程和门槛标准。根据评估办法，2021年5月，人民银行、银保监会启动首次系统重要性银行评估工作，基于2020年表内外资产规模排名前30位的参评银行数据，从规模、关联度、可替代性和复杂性四个维度进行评估，并于2021年10月发布了2021年国内系统重要性银行名单（见表3-2）。一方面，系统重要性银行要有一定的覆盖面，数量和资产规模占比不能太少；另一方面，与国际惯例保持一致，根据客观指标评估机构的系统重要性，确保规则透明、可预期，尽量减少监管判断。我国的国内系统重要性银行共19家，包括6家国有商业银行、9家股份制银行和4家城市商业银行，资产合计占我国银行业总资产的60%。

此外，根据巴塞尔银行监管委员会（BCBS）发布的评估方法，金融稳定理事会（FSB）从2011年起每年公布全球系统重要性银行（G-SIBs）名单，中国银行、中国工商银行、中国农业银行和中国建设银行先后从2011年、2013年、2014年和2015年开始陆续入选。从各项指标得分看，我国G-SIBs主要是规模大，复杂性并不高，跨境活跃度也相对较低。

表3-2　　2021年国内系统重要性银行名单

组别	国内系统重要性银行	附加资本要求	附加杠杆率要求
5	空	1.5%	0.75%
4	中国工商银行 中国银行 中国建设银行 中国农业银行	1%	0.5%
3	交通银行 招商银行 兴业银行	0.75%	0.375%
2	浦发银行 中信银行 中国民生银行 中国邮政储蓄银行	0.5%	0.25%
1	平安银行 中国光大银行 华夏银行 广发银行 宁波银行 上海银行 江苏银行 北京银行	0.25%	0.125%

二、明确系统重要性银行附加监管要求

2021年10月，在发布名单的同时，人民银行、银保监会出台了配套的《系统重要性银行附加监管规定（试行）》，附加监管进入落地实施阶段。该规定借鉴了国际经验，要求系统重要性银行提高损失吸收能力，增强风险可处置性，满足更高的监管期望。同时，结合中国国情，从宏观审慎管理的角度，强调对系统重要性银行进行事前风险预警和提示。主要内容包括五个方面：一是明确附加资本要求。在满足现有资本要求的基础上，系统重要性银行分别适用0.25%~1.5%的附加资本要求，用核心一级资本来满足。二是明确附加杠杆率要求。附加杠杆率为附加资本要求的50%，用一级资本来满足。这两项附加要求总体上是适度的，既有助于推动银行提高抗风险能力，也不会产生太大资本补充压力。三是明确恢复计划和处置计划编

制要求，确保银行能够在重大风险情形下恢复正常经营，实现机构自救，快速有序处置风险。系统重要性银行制定集团层面的恢复计划和处置计划建议，提交人民银行牵头的危机管理小组进行审查。四是强化风险预警和提示。人民银行、银保监会评估系统重要性银行的信贷集中度、业务复杂性、业务扩张速度等指标，适时向系统重要性银行提示风险。五是明确监管分工。人民银行主要从宏观审慎管理和防范系统性风险的角度，会同银保监会提出附加监管要求，审查系统重要性银行的恢复和处置计划。银保监会负责对系统重要性银行进行现场检查、日常监管等微观审慎监管工作。宏观审慎管理与微观审慎监管加强统筹，形成合力。

由于工商银行、农业银行、中国银行、建设银行四大行同时已入选全球系统重要性银行，根据国际规则分别适用1.5%、1%、1.5%、1.5%的附加资本要求，实际执行中附加资本要求按照二者孰高原则确定。

三、常态化实施系统重要性银行附加监管

加强对系统重要性银行的监管，是防范化解系统性风险的基础性工作，也是落实金融监管改革、完善宏观审慎政策框架的重要内容。系统重要性银行名单是动态调整的，人民银行、银保监会根据各家银行的评估指标变化，每年更新系统重要性银行名单。对于入选名单的银行，既反映出其具备了一定的市场地位和影响力，同时也意味着要满足更高的监管标准和要求，在服务实体经济和防控金融风险方面承担更大的责任和义务，需要持续提升风险管理和内部控制水平。下一步，人民银行、银保监会将共同做好系统重要性银行附加监管工作，推动系统重要性银行持续满足附加资本和附加杠杆率要求，强化资本内在约束机制，制定并更新恢复计划和处置计划，提升经营稳健性和风险可处置性。

专题十四　探索建立具有硬约束的早期纠正工作框架

早期纠正机制（Prompt Corrective Action，PCA）起源于美国，强调要尽早识别风险机构及其风险隐患，并根据风险的差异化程度，采取相应的干预措施，降低银行经营失败以及风险外溢的可能性，使风险处置的成本最小化。早期纠正机制是防范化解金融风险的重要手段。

一、国际实践表明，对问题银行进行强制性早期纠正是风险化解的关键因素

美国的早期纠正以资本充足水平为触发条件，实行“非纠正即接管”。为应对储贷危机，美国于1991年首次引入早期纠正机制。《联邦存款保险法》明确当机构出现问题并陷入困境时，各联邦监管机构及联邦存款保险公司（FDIC）可以按照职责分工对机构迅速启动早期纠正措施，密切关注和评估纠正措施的实施效果，同时做好风险机构经营情况进一步恶化及接管准备。FDIC根据资本状况将投保机构分为五个级别，分别采取相应的早期纠正措施，并在《风险管理手册》中明确了具体的触发标准（见表3-3）。尤其是针对“资本根本不足”的机构，强制要求其重大经营活动在FDIC的监督下进行，避免资产损失扩大，如在90天规定期限内无法实质性化解风险，应被强制接管。

表3-3　FDIC的早期纠正机制

资本等级	标准				强制性纠正措施	选择性纠正措施
	资本充足率	一级资本充足率	核心一级资本充足率	杠杆比率		
资本良好	≥10%	且≥8%	且≥6.5%	且≥5%	-	-
资本充足	≥8%	且≥6%	且≥4.5%	且≥4%	未经FDIC允许，不得吸收经纪存款	-
资本不足	<8%	或<6%	或<4.5%	或<4%	1. 不得吸收经纪存款； 2. 停止分红和发放管理费； 3. 要求提交资本补充计划； 4. 限制资产增长； 5. 兼并、分支机构设立和其他新业务活动需要得到批准	1. 要求补充资本； 2. 限制关联交易； 3. 限制存款利率； 4. 限制其他活动； 5.其他任何有利于早期纠正的措施

续表

资本等级	标准				强制性纠正措施	选择性纠正措施
	资本充足率	一级资本充足率	核心一级资本充足率	杠杆比率		
资本严重不足	<6%	或<4%	或<3%	或<3%	1. 任何适用资本不足机构的措施； 2. 要求补充资本； 3. 限制关联交易； 4. 限制存款利率； 5. 限制高管薪酬	1.任何适用资本不足机构的措施； 2.未提交资本重组计划，在90天内强制接管； 3.其他任何有利于早期纠正的措施
资本根本不足	有形股本（Tangible Equity）占总资产比例≤2%				1. 任何适用资本严重不足机构的措施； 2. 90天内强制接管； 3. 主监管机构经FDIC同意后采取其他措施，暂不接管；但资本根本不足的情况持续达270天，则强制接管； 4. 限制支付次级资本债； 5. 限制其他经营活动	–

国际金融危机后，相关国际组织明确提出了对问题银行进行早期纠正的政策指引。2009年6月，巴塞尔银行监管委员会（BCBS）和国际存款保险协会（IADI）联合发布《有效存款保险核心原则》，明确了早期纠正的核心在于根据明确的触发条件，对风险机构迅速采取行动，减少银行最终倒闭的可能性，降低处置成本。2013年，IADI发布《存款保险制度的早期识别和及时干预一般指引》，总结了全球33个国家或地区的存款保险早期纠正经验，系统阐述了早期纠正的核心原则及其配套要点，并就问题银行的早期识别和及时干预提出了政策指引。2015年，BCBS发布《问题银行识别和应对指引（修订版）》，明确了问题银行的定义，以及监管部门和存款保险机构可针对问题银行在业务运营、流动性、公司治理和股东权益等四方面采取的早期纠正措施。

二、我国早期纠正机制的法律框架逐步建立，作用逐步发挥

我国在完善相关金融监管法律法规的过程中逐步体现早期纠正的相关理念。2004年出台的《银行业监督管理法》规定，监管部门应对违反审慎经营规则的银行责令限期改正，通过采取暂停部分业务、限制分红、责令控股股东转让股权、责令调整董事及高级管理人员等早期纠正措施，及时化解银行风险。2012年出台的《商业银行资本管理办法（试行）》进一步明确，监管部门可根据资本充足水平，对四类银行采取不同的纠正措

施（见表3-4）。2015年出台的《存款保险条例》第16条规定，存款保险基金管理机构、人民银行、监管部门均可对问题机构及时采取补充资本、控制资产增长、控制重大交易授信、降低杠杆率等措施。

表3-4　《商业银行资本管理办法（试行）》中的分类监管

类型	触发条件	监管措施
第一类商业银行	资本充足率、一级资本充足率和核心一级资本充足率均达到各级资本要求	1. 要求商业银行加强对资本充足率水平下降原因的分析及预测； 2. 要求商业银行制定切实可行的资本充足率管理计划； 3. 要求商业银行提高风险控制能力
第二类商业银行	资本充足率、一级资本充足率和核心一级资本充足率未达到第二支柱资本要求，但均不低于其他各级资本要求	1. 与商业银行董事会、高级管理层进行审慎性会谈； 2. 下发监管意见书，监管意见书内容包括：商业银行资本管理存在的问题、拟采取的纠正措施和限期达标意见等； 3. 要求商业银行制定切实可行的资本补充计划和限期达标计划； 4. 增加对商业银行资本充足的监督检查频率； 5. 要求商业银行对特定风险领域采取风险缓释措施
第三类商业银行	资本充足率、一级资本充足率和核心一级资本充足率均不低于最低资本要求，但未达到其他各级资本要求	1. 限制商业银行分配红利和其他收入； 2. 限制商业银行向董事、高级管理人员实施任何形式的激励； 3. 限制商业银行进行股权投资或回购资本工具； 4. 限制商业银行重要资本性支出； 5. 要求商业银行控制风险资产增长
第四类商业银行	资本充足率、一级资本充足率和核心一级资本充足率任意一项未达到最低资本要求	1. 要求商业银行大幅降低风险资产的规模； 2. 责令商业银行停办一切高风险资产业务； 3. 限制或禁止商业银行增设新机构、开办新业务； 4. 强制要求商业银行对二级资本工具进行减记或转为普通股； 5. 责令商业银行调整董事、高级管理人员或限制其权利； 6. 依法对商业银行实行接管或者促成机构重组，直至予以撤销

三、总体思路与工作原则

近年来，我国早期纠正机制在化解金融风险方面的作用逐步发挥。人民银行、监管部门、地方政府等各方探索发挥早期纠正功能，存款保险的早期纠正作用也逐渐发挥，在推动风险化解方面取得积极成效。

（一）总体思路

健全预警体系，加强对金融机构异常指标的监测预警，提升早期纠正的前瞻性。重大风险的发生往往“有迹可循”，体现为某些指标的异常变动。探索银行业异常指标监测预警方法，不断完善风险识别指标体系，通过对银行经营指标异常的分析发现风险苗头，并及时进行风险提示，推动银行在日常经营中整改化解风险，避免风险进一步劣变。

对增量高风险银行（含问题银行），探索建立硬约束早期纠正机制。将央行评级、监管评级与早期纠正有序衔接，对增量高风险银行设置一定的早纠期，严格压实金融机构及其股东的主体责任，压实监管部门监管责任，压实地方政府属地风险处置责任和维稳处突第一责任，推动落实中央关于建立地方党委和政府主要领导同志负责的财政金融风险处置机制的相关要求，扎实推进风险处置工作落地落实。早纠期过后如整改不到位，则依法强制进行风险处置，强化早期纠正的约束力。

（二）工作原则

一是加强顶层设计，全面依法合规。坚持系统观念，明确工作流程，保障相关工作依法合规、有序开展。同时，坚持央行金融机构评级标准不降低，真实反映银行风险情况，确保工作流程经得起历史和实践检验。

二是对增量高风险银行“限期纠正”，“不纠正即处置”。对增量高风险银行采取早期纠正措施，对未完成早纠目标的机构，相关部门联合采取强制处置措施化解风险，避免风险扩大和蔓延。

三是明确激励约束机制，各部门形成合力。研究设计合理的激励约束和分工协作机制，促成各部门畅通机制、明确职责、分工配合、形成合力，寻求成本最小化的化险方式。

专题十五　设立金融稳定保障基金　构建防范化解重大金融风险长效机制

金融业是经营和管理风险的行业，防范化解金融风险是金融工作的永恒主题。2021年12月，中央经济工作会议提出“化解风险要有充足资源”的理念。2022年《政府工作报告》明确要求，“设立金融稳定保障基金，发挥存款保险制度和行业保障基金的作用，运用市场化、法治化方式化解风险隐患，有效应对外部冲击，牢牢守住不发生系统性风险的底线”。设立金融稳定保障基金，有效应对具有系统性影响的重大金融风险，是健全金融风险防控长效机制的内在要求，是统筹发展与安全、维护金融稳定、提高金融服务实体经济能力的关键举措，对维护我国经济金融安全具有重要意义。

一、设立金融稳定保障基金的必要性

设立金融稳定保障基金是坚守金融工作永恒主题的需要。2017年第五次全国金融工作会议指出，“防止发生系统性金融风险是金融工作的永恒主题”。党的十九大将防范化解重大风险作为三大攻坚战之一和决胜全面建成小康社会的重大举措。近年来，按照党中央、国务院决策部署，防范化解重大金融风险攻坚战取得重要阶段性成果，重点领域金融风险得到有序处置，金融风险整体收敛、总体可控，金融业总体平稳健康发展。同时应该看到，金融业是经营和管理风险的行业，各行各业的风险都可能镜像反映到金融行业。抓紧设立金融稳定保障基金，是主动防范化解系统性金融风险、应对各种风险挑战的关键举措。

设立金融稳定保障基金是统筹发展和安全的需要。统筹发展和安全，把安全发展贯穿国家发展各领域和全过程，防范和化解影响我国现代化进程的各种风险，是党中央统筹全局作出的重大战略安排。金融安全是国家安全的重要组成部分，维护金融安全是坚持总体国家安全观的重要内容。设立金融稳定保障基金，筹集中央掌握的应对带有系统性影响的重大金融风险处置资金，是健全我国金融安全网的关键一环，也是落实中央经济工作会议关于“正确认识和把握防范化解重大风险”“化解风险要有充足资源”要求的重要举措。

设立金融稳定保障基金是促进金融更好服务实体经济的需要。防范化解重大风险是金融稳健运行的根本保障，也是金融服务实体经济的基础条件。国际金融危机表明，一旦出现重大金融风险，金融对实体经济的支持就会受到冲击，国家还需拿出大量公共资源开展危机救助，给纳税人带来沉重负担。设立金融稳定保障基金，既能提高金融业长期服务实体经济的能力，又能防止个别机构经营失败造成风险外溢，保障金融服务连续性，提升公众信心，对于推动经济持续健康发展具有十分重要的意义。

设立金融稳定保障基金符合相关国际准则和通行做法。国际金融危机后，金融稳定理事会等国际组织相继出台《金融机构有效处置机制核心要素》《有效存款保险制度核心原则》等国际准则，强调在压实金融机构“自救”及自身吸损责任的同时，要尽快建立权威、高效、有序、公平的金融机构风险处置机制，减少对公共资金的过度依赖。建立主要来源于金融行业资源，用于特定金融机构救助、处置或应对重大金融风险事件的基金，成为普遍共识。主要发达经济体设立了金融稳定保障基金或通过存款保险基金实现类似功能。

二、设立金融稳定保障基金的国际做法

国际金融危机后，美国、欧盟等主要经济体普遍推动金融风险处置机制改革，建立用于维护金融稳定的保障基金，提升金融风险处置和危机应对能力，并通过完善损失分摊等机制防范道德风险。核心内容包括：

建立迅速清晰的系统性风险响应决策机制。美国2010年颁布《多德—弗兰克华尔街改革和消费者保护法案》，强化金融稳定体制框架，设立了金融稳定监督委员会（FSOC），负责识别和防范系统性风险，包括认定需要接受美联储监管的系统重要性金融机构。欧盟2010年全面改革监管体系，在欧央行下设系统性风险委员会（ESRB），负责宏观审慎管理，识别风险隐患，可向欧洲银行管理局、欧洲证券和市场管理局、欧洲保险和职业养老金管理局三个微观审慎监管机构以及各成员国、各国监管机构提出警告或建议，并成立专门检查小组评估建议采纳情况。

金融稳定保障基金主要用于处置重大金融风险。美国2010年建立的有序清算基金主要用于处置可能造成系统性风险的金融机构，专为美国联邦存款保险公司（FDIC）处置系统重要性金融机构提供资金支持。欧盟于2016年成立的欧洲单一处置基金可为欧洲银行业联盟内包括100多家大型银行在内的金融机构提供处置资金。此外，《金融机构有效处置机制核心要素》明确金融稳定保障基金还应覆盖金融基础设施。

风险处置成本主要由金融行业内部承担。美国有序清算基金采取事后收费制，FDIC在接管问题机构后可向财政部借款形成有序清算基金，但借款额度有严格限制且须

提供详尽的还款计划限期偿还。若处置回款及基金投资收益不足以偿付借款本息，FDIC须向并表资产达到一定规模的银行控股公司和大型非银行金融机构收费偿还。欧洲单一处置基金采用事先积累制，事前确定收费标准，由欧洲银行业联盟21个成员国的全部信贷机构和部分投资公司事前缴费出资，如损失过大，也可进行事后收费。欧洲稳定机制可作为单一处置基金的后备融资来源，可为其提供最高680亿欧元的贷款资金。

强化市场纪律和防范道德风险。在金融稳定保障基金的使用过程中，主要经济体普遍遵循“先自救纾困、后外部救助”的原则。在金融风险处置中，处置成本一般首先由股东按照“不比破产清算所得更差”的原则承担，并动员市场资金参与问题机构重组或收购，再由存款保险基金、相关行业保障基金依法提供资金支持，金融稳定保障基金可作为必要的后备支持，在面临系统性金融风险、危及金融体系稳定且穷尽其他各种市场化手段和资源的前提下依法动用。

三、我国金融稳定保障基金的基本框架

2000年以来，我国分别建立了证券、保险、信托等行业保障基金，2015年根据《存款保险条例》建立存款保险基金，在金融风险化解和处置中发挥了积极作用。2017年，我国设立国务院金融稳定发展委员会，同时强化人民银行的宏观审慎管理和系统性风险防范职责。近年来的国际实践与经验，对于我国建立金融稳定保障基金，进一步扩充风险处置资金来源、提升金融风险应对能力、压实金融行业自身责任具有重要的借鉴意义。

职能定位。金融稳定保障基金是应对重大金融风险的后备资金，是我国金融安全网的重要组成部分。金融稳定保障基金由国家金融稳定发展统筹协调机构统筹管理，与存款保险基金和相关行业保障基金双层运行、协同配合，共同维护金融稳定与安全。在日常运行中，金融稳定保障基金依托现有的存款保险基金和行业保障基金管理机构进行筹集和管理。

资金来源。金融稳定保障基金主要来自金融机构、金融基础设施等市场主体，可以降低金融风险处置对公共资金的依赖，在维护金融稳定的同时，严肃市场纪律，防范道德风险。在具体收费标准上，统筹考虑交费机构的资产规模、业务复杂性、经营管理水平和风险状况等因素，实现风险与交纳费用相匹配。

资金运用。在重大金融风险处置中，金融机构、股东和实际控制人、地方政府、存款保险基金和相关行业保障基金等各方依法依职责充分投入相应资源后，仍有缺口的，经批准后，按程序使用金融稳定保障基金。

专题十六　金融稳定理事会发布金融稳定监测框架

2021年9月，金融稳定理事会（FSB）发布《金融稳定监测框架》（以下简称《框架》），旨在利用FSB在金融稳定问题上具有全球视角的优势，系统性、前瞻性地关注全球金融体系脆弱性，提高FSB脆弱性评估的有效性和政策应对的及时性。新的监测框架既关注现有脆弱性，也对新出现的潜在脆弱性进行监测。

一、《框架》总体架构

分析原则。《框架》指出，脆弱性评估主要遵循以下原则：一是关注可能影响全球金融稳定的脆弱性，即识别多个地区共同存在的或可能产生重大跨境溢出效应的脆弱性。二是采用前瞻性视角进行分析。监测框架将各类脆弱性之间的相互作用和关联性纳入考虑，按时间段对脆弱性进行分类，划分为当前脆弱性、未来2~3年内可能显性化的中期脆弱性、未来3~5年可能显性化的新兴脆弱性。三是承认各成员经济体脆弱性存在差异。充分考虑各经济体金融体系发展情况、宏观经济制度存在的不同，对新兴市场经济体与发达经济体之间的脆弱性进行比较分析。四是FSB发挥其优势，以各成员经济体的脆弱性监测为基础（包括各经济体定期发布的金融稳定报告），同时对相关国际组织和专家的观点进行汇总，形成脆弱性分析报告。

主要概念。《框架》对金融稳定监测中的主要概念进行了明确，以确保监测结果的一致性。一是基础概念。全球金融体系通常包括金融中介、市场、金融工具和支持性的金融基础设施。金融稳定是指全球金融体系有效应对冲击、缓解金融中介或其他金融体系功能中断可能对实体经济产生负面影响的能力。二是脆弱性和冲击。金融稳定监测要对脆弱性（vulnerability）和冲击（shock）加以区分。脆弱性指金融体系中不断累积的失衡问题（imbalance），可以通过适当的指标进行衡量，也可以采取特定政策措施进行缓解。冲击则指可能使金融体系部分功能中断或失灵的突发事件，难以预测和应对，如全球疫情暴发、经济大幅滑坡、资产价格剧烈下跌等金融业面临的一些外部事件。脆弱性可能会增加某一冲击引发系统性风险的可能性，因此对金融体系脆弱性及其传导途径进行研究，有助于准确预测某一冲击如果发生，可能会对金融体系产生多大影响。三是脆弱性与韧性。总脆弱性是指监测到的各种脆弱性。韧性指金融体系吸收冲击、避免其触发各种潜在失衡因素的能力。韧性不仅取决于各种风险应对政策措施，同时还取决于压力情形下的市场行为以及金融体系不同部分之间的相互作用等因素。将监测到的总脆弱性和韧性进行比较，其缺口则称为净脆弱性。对识别出的净脆弱性需要进行持续监测，并进行相应的政策应对研究。

主要监测指标。《框架》主要从金融部门和非金融部门两部分开展脆弱性评估。其中，金融部门主要分为金融市场、银行部门和其他金融机构（包括非银行金融中介[①]、金融市场基础设施[②]等），其脆弱性指标主要包括资产价格、资产质量、融资/流动性、杠杆、国内关联性与复杂性、跨境关联性、操作脆弱性和其他脆弱性等类别（见表3-5）。非金融部门主要分为家庭部门、非金融企业和政府部门，其脆弱性指标主要包括负债、资产和其他脆弱性等类别（见表3-6）。

表3-5　　金融部门脆弱性评估表

监测指标	金融市场	银行部门	其他金融机构
资产价格（金融市场和房地产市场）	- 错误定价（较低的无风险利率、较低的信用利差、较高的股票市场估值）	- 受盯市损失和价格波动影响 - 对冲不充分 - 无力补充资本 - 抵押品价值（包括价值可能高估的风险）	- 受盯市损失和价格波动影响 - 对冲不充分 - 无力补充资本 - 抵押品价值（包括价值可能高估的风险）
资产质量	- 发行高风险证券 - 证券化 - 违约和评级下调	- 高风险业务敞口（例如：负有外债的非金融企业；房地产；大宗商品） - 授信集中度 - 授信标准 - 监管容忍	- 高风险业务敞口（例如：负有外债的非金融企业；房地产；大宗商品） - 授信集中度 - 授信标准 - 金融市场基础设施参与者的财务状况
融资/流动性	- 放大机制 - 流动性分配的中断 - 波动性	- 期限错配 - 流动性错配 - 对批发市场融资依赖度	- 流动性错配（例如开放式债券基金） - 期限错配 - 对批发市场融资依赖度 - 高于预期的保险赔付（例如灾难性事件反复发生）
杠杆	- 放大机制	- 较低的银行资本充足水平 - 表外资产及杠杆率 - 整体杠杆率 - 资本补充能力不足	- 较低的资本水平 - 表外资产及杠杆率 - 整体杠杆率 - 违约基金不足（CCP）
国内关联性与复杂性	- 放大机制	- 关键功能/大而不能倒 - 同业融资 - 未清算的场外衍生品敞口 - 复杂产品 - 同质化的风险敞口/业务经营模式	- 关键功能/大而不能倒（例如CCP） - 金融机构间债权 - 未清算的场外衍生品敞口 - 复杂产品 - 同质化的风险敞口/业务经营模式

① 包括货币市场基金、开放式基金、保险公司、养老基金等。
② 例如中央对手方、支付系统、证券交易系统等。

续表

监测指标	金融市场	银行部门	其他金融机构
跨境关联性	– 对境外交易对手的风险敞口 – 外国投资者在境内股票、债券和衍生品市场交易的活跃度	– 跨境活动 – 货币错配 – 离岸批发融资的运用程度 –境外交易对手（例如对冲）	– 跨境活动 – 货币错配 – 离岸批发融资的运用程度 – 境外交易对手（例如对冲） – 使用境外注册或境外所属的金融市场基础设施
操作层面的脆弱性（包括网络/信息技术）	– 不健全的公司治理机制/风险文化 – 第三方服务依赖度 – 放大机制 – 广泛使用不恰当的基准利率，如Libor	– 不健全的公司治理机制/风险文化 – 第三方服务依赖度 – 对相关风险进行对冲的产品敞口 – 广泛使用不恰当的基准利率，如Libor	– 不健全的公司治理机制/风险文化 – 第三方服务依赖度 – 广泛使用不恰当的基准利率，如Libor
其他脆弱性	– 不适合归入上述类别的脆弱性，包括新出现的其他脆弱性		

表3-6　非金融部门脆弱性评估表

监测指标	家庭部门	非金融企业部门	政府部门
负债	– 负债率较高 – 偿债率较高 – 货币错配	– 负债率较高 – 偿债率较高 – 短期内有大量债务需要接续 – 货币错配 – 离岸融资依赖度	– 负债率较高 – 偿债率较高 – 短期内有大量债务需要接续 – 货币错配 – 负债中境外投资者占比高
资产	– 估值过高 – 境外资产敞口	– 估值过高 – 境外资产敞口	
其他脆弱性	– 不适合归入上述类别的脆弱性，包括新出现的其他脆弱性		

二、FSB脆弱性评估工作开展情况

FSB的脆弱性评估主要从四个渠道进行信息收集和分析。一是定量监测指标。FSB选取了具有代表性的指标组成前述脆弱性评估表，对不同部门的脆弱性进行持续监测和评估。二是问卷调查。FSB定期对成员经济体进行问卷调查，请其基于自身的金融稳定分析结果，识别出可能威胁全球或其国内金融稳定的主要脆弱性。问卷调查结果具有一定的主观性，但目的是广泛收集相关信息，为脆弱性评估提供足够信息支持。问卷调查也是按照当前脆弱性、未来3年内可能显性化的中期脆弱性、未来3~5年可能显性化的新兴脆弱性三个口径进行信息收集。三是充分利用FSB相关分析成果。FSB将其正在开展的各项评估工作都纳入脆弱性评估范畴，如近期开展的非银行金融中介、金融创新等方面的评估工作。四是与私营部门开展合作。FSB与各类市场主体定期召开研讨会，征询其对于金融领域脆弱性的看法，作为其脆弱性评估的有效补充。

FSB金融稳定监测结果主要用于两项目的。一是作为下一步政策措施决策的依据。FSB将就识别出的全球净脆弱性开展更为深入的监测和讨论，研究是否进行政策应对。二是与外部共享信息。FSB通过年度报告或向G20提交报告等方式披露其脆弱性评估结果，以激发各国政策制定者和市场参与主体关注相关脆弱性，尽早开展政策讨论。

附录

统计资料

附表 1　　主要宏观经济指标

项　　目	2017	2018	2019	2020	2021
国内生产总值（亿元）	832036	919281	986515	1013567	1149237
工业增加值（亿元）	275119	301089	311859	312902.9	374546
全社会固定资产投资（亿元）	461284	488499	513608	527270	552884
社会消费品零售总额（亿元）	347326.7	377783.1	408017.2	391980.6	440823
货物进出口总额（亿元）	278099.24	305008.13	315627.32	322215.24	391009
出口	153309.43	164127.81	172373.63	179278.83	217348
进口	124789.81	140880.32	143253.69	142936.4	173661
差额	28519.62	23247.49	29119.94	36342.43	43687
实际利用外商直接投资（亿美元）	1310.35	1349.66	1381.3462	1443.6926	1734.8000
外汇储备（亿美元）	31399	30727	31079	32165.22	32502
居民消费价格指数（上年=100）	101.6	102.1	102.9	102.5	100.9
财政收入（亿元）	172592.77	183359.84	190390.08	182913.88	202539
财政支出（亿元）	203085.49	220904.13	238858.37	245679.03	246322
城镇居民人均可支配收入（元）	36396	39251	42359	43834	47412
农村居民人均可支配收入（元）	13432	14617	16021	17131	18931
城镇就业人员(百万)	432.08	442.92	452.49	462.71	467.73
城镇登记失业率（%）	3.9	3.8	3.6	4.2	4.0
总人口（百万）	1400.1	1405.4	1410.1	1412.1	1412.6

注：① 国内生产总值为最终核实数。

② 按照我国国内生产总值（GDP）数据修订制度和国际通行做法，在第四次全国经济普查后，对2018年及以前年度GDP历史数据进行了系统修订。

数据来源：国家统计局。

附表2 主要金融指标（一）

（年末余额）

单位：亿元

项　　目	2017	2018	2019	2020	2021
M_2	1690235.3	1826744.2	1986488.8	2186795.9	2382899.6
M_1	543790.1	551685.9	576009.2	625581.0	647443.4
M_0	70645.6	73208.4	77189.5	84314.5	90825.2
金融机构各项存款	1641044.2	1775225.7	1928785.3	2125720.9	2322500.4
储蓄存款	595972.6	631202.4	697395.4	809051.1	903315.0
非金融企业存款	542404.6	562976.2	595365.0	660180.2	696695.0
金融机构各项贷款	1201321.0	1362966.7	1531123.2	1727452.1	1926902.8

数据来源：中国人民银行。

附表3 主要金融指标（二）

（增长率）

单位：%

项　　目	2017	2018	2019	2020	2021
M_2	8.1	8.1	8.7	10.1	9.0
M_1	11.8	1.5	4.4	8.6	3.5
M_0	3.4	3.6	5.4	9.2	7.7
金融机构各项存款	9.0	8.2	8.7	10.2	9.3
储蓄存款	4.7	5.9	10.5	16.0	11.7
非金融企业存款	8.0	3.8	5.8	10.9	5.5
金融机构各项贷款	12.7	13.5	12.3	12.8	11.6

注：由于统计制度的调整，本表增长率是经过调整的可比口径的同期比。
数据来源：中国人民银行。

附表4 国际流动性

单位：百万美元

项　　目	2017	2018	2019	2020	2021
总储备（减黄金）	3158877	3091881	3127493	3238782	3313920
特别提款权	10981	10690	11126	11495	53065
在基金储备头寸	7947	8479	8444	10765	10689
外汇	3139949	3072712	3107924	3216522	3250166
黄金（百万盎司）	59.24	59.56	62.64	62.64	62.64
黄金（折价）	76473	76331	95406	118246	113125
其他存款性公司国外负债	313413	304431	241046	255007	235197

数据来源：中国人民银行。

附表5　　黄金、外汇储备

年份	黄金储备（万盎司）	外汇储备（亿美元）	外汇储备比上年增长（%）
2001	1608	2121.7	28.1
2002	1929	2864.1	35.0
2003	1929	4032.5	40.8
2004	1929	6099.3	51.3
2005	1929	8188.7	34.3
2006	1929	10663.4	30.2
2007	1929	15282.5	43.3
2008	1929	19460.3	27.3
2009	3389	23991.5	23.3
2010	3389	28473.4	18.7
2011	3389	31811.5	10.7
2012	3389	33115.9	4.1
2013	3389	38213.2	15.4
2014	3389	38430.2	0.6
2015	5666	33303.6	-13.3
2016	5924	30105.2	-9.6
2017	5924	31399.5	4.3
2018	5956	30727.1	-2.1
2019	6264	31079.2	1.1
2020	6264	32165.2	3.5
2021	6264	32501.7	1.0

数据来源：中国人民银行。

附表6　　金融业资产简表

（2021年12月31日）　　单位：万亿元

项目	资产
金融业	421.52
中央银行	39.57
银行业金融机构	344.76
证券业金融机构	12.30
保险业金融机构	24.89

注：①银行业机构指法人金融机构（含境外分行），不包括中央银行；证券业机构包括证券公司、期货公司和基金公司，证券公司和期货公司总资产均包括自身及客户资产；保险业机构包括财产保险公司、人身保险公司、再保险公司、保险集团公司和保险资产管理公司。

②因保险业部分机构目前处于风险处置阶段，行业汇总数据口径暂不包含这部分机构。

数据来源：中国人民银行、中国银保监会、中国证监会。

附表 7

2021年存款性公司概览

（季末余额）

单位：亿元

项　　目	第一季度	第二季度	第三季度	第四季度
国外净资产	275771.61	279923.24	284819.64	282994.70
国内信贷	2531452.71	2576104.87	2619074.92	2673428.34
对政府债权（净）	347671.64	350477.77	364323.42	385172.02
对非金融部门债权	1932316.53	1973570.17	2009068.62	2037222.86
对其他金融部门债权	251464.54	252056.93	245682.88	251033.45
货币和准货币	2276488.45	2317788.36	2342829.70	2382899.56
货币	616113.17	637479.36	624645.68	647443.35
流通中货币	86543.64	84346.97	86867.09	90825.15
单位活期存款	529569.53	553132.39	537778.58	556618.20
准货币	1660375.27	1680309.00	1718184.02	1735456.21
单位定期存款	401306.69	403886.44	419569.72	412951.55
个人存款	1000038.64	1007902.81	1018365.56	1032441.18
其他存款	259029.94	268519.76	280248.73	290063.47
不纳入广义货币的存款	58157.34	61083.82	59708.93	59378.57
债券	320735.76	326374.00	338569.01	350551.73
实收资本	73825.93	76806.36	78477.73	81427.97
其他（净）	78016.85	73975.57	84309.19	82165.20

数据来源：中国人民银行。

附表8

2021年货币当局资产负债表
（季末余额）

单位：亿元

项　　目	第一季度	第二季度	第三季度	第四季度
国外资产	219213.98	220505.68	223230.38	225102.82
外汇	211553.27	212130.20	212145.89	212867.20
货币黄金	2855.63	2855.63	2855.63	2855.63
其他国外资产	4805.08	5519.85	8228.87	9380.00
对政府债权	15250.24	15250.24	15250.24	15240.68
其中：中央政府	15250.24	15250.24	15250.24	15240.68
对其他存款性公司债权	124657.22	130900.47	132450.49	128645.47
对其他金融性公司债权	4427.26	4354.48	4148.68	4125.22
对非金融部门债权	0.00	0.00	0.00	0.00
其他资产	19224.06	18886.49	16893.85	22588.05
总资产	**382772.77**	**389897.36**	**391973.65**	**395702.25**
储备货币	326956.16	324494.14	324341.24	329487.34
货币发行	92459.49	89614.10	92426.82	96164.80
金融性公司存款	216682.77	216320.68	212046.96	212392.89
其他存款性公司存款	216682.77	216320.68	212046.96	212392.89
其他金融性公司存款	0.00	0.00	0.00	0.00
非金融机构存款	17813.90	18559.36	19867.45	20929.64
不计入储备货币的金融性公司存款	4947.74	5719.08	5192.75	6053.40
发行债券	900.00	900.00	950.00	950.00
国外负债	1038.80	942.49	1357.80	998.21
政府存款	36719.33	45666.43	46143.39	42931.68
自有资金	219.75	219.75	219.75	219.75
其他负债	11990.98	11955.47	13768.72	15061.88
总负债	**382772.77**	**389897.36**	**391973.65**	**395702.25**

数据来源：中国人民银行。

附表 9

2021年其他存款性公司资产负债表

（季末余额）

单位：亿元

项　　目	第一季度	第二季度	第三季度	第四季度
国外资产	73276.57	75390.48	77155.05	73885.86
储备资产	226613.78	226402.66	221622.54	222500.40
准备金存款	220697.93	221135.53	216062.82	217160.75
库存现金	5915.85	5267.13	5559.72	5339.65
对政府债权	369140.73	380893.96	395216.56	412863.01
其中：中央政府	369140.73	380893.96	395216.56	412863.01
对中央银行债权	6.17	6.17	32.61	21.17
对其他存款性公司债权	312619.19	313684.83	309123.26	311829.89
对其他金融性公司债权	247037.28	247702.44	241534.20	246908.23
对非金融性公司债权	1282427.35	1303662.91	1321353.60	1333788.51
对其他居民部门债权	649889.18	669907.26	687715.02	703434.35
其他资产	124429.82	128369.57	126717.07	125163.69
总资产	**3285440.07**	**3346020.28**	**3380469.91**	**3430395.13**
对非金融机构及住户负债	2057725.26	2088782.59	2092409.88	2116898.59
纳入广义货币的存款	1930914.87	1964921.63	1975713.87	2002010.94
单位活期存款	529569.53	553132.39	537778.58	556618.20
单位定期存款	401306.69	403886.44	419569.72	412951.55
个人存款	1000038.64	1007902.81	1018365.56	1032441.18
不纳入广义货币的存款	58157.34	61083.82	59708.93	59378.57
可转让存款	22772.77	25076.31	24572.91	26309.16
其他存款	35384.57	36007.51	35136.03	33069.41
其他负债	68653.06	62777.14	56987.08	55509.08
对中央银行负债	121881.83	121963.08	122910.99	118576.17
对其他存款性公司负债	115871.86	114713.44	110801.77	112651.88
对其他金融性公司负债	223191.41	233336.98	244093.18	253973.53
其中：计入广义货币的存款	218830.29	228851.47	239133.93	249744.13
国外负债	15680.14	15030.43	14207.99	14995.78
债券发行	320735.76	326374.00	338569.01	350551.73
实收资本	73606.17	76586.61	78257.98	81208.22
其他负债	356747.64	369233.15	379219.11	381539.24
总负债	**3285440.07**	**3346020.28**	**3380469.91**	**3430395.13**

数据来源：中国人民银行。

附表 10

2021年中资大型银行资产负债表

（季末余额）

单位：亿元

项　　目	第一季度	第二季度	第三季度	第四季度
国外资产	38552.29	39671.40	39999.02	38780.35
储备资产	116027.96	112432.28	112900.93	106488.48
准备金存款	113195.45	109932.70	110227.79	103874.89
库存现金	2832.52	2499.57	2673.14	2613.59
对政府债权	221000.79	225516.53	233130.40	241696.84
其中：中央政府	221000.79	225516.53	233130.40	241696.84
对中央银行债权	0.00	0.00	3.60	2.10
对其他存款性公司债权	109861.13	109094.04	105570.44	102091.22
对其他金融性公司债权	65429.99	64031.73	57687.85	57670.02
对非金融性公司债权	616787.61	625546.24	631828.68	636357.96
对其他居民部门债权	317210.59	326165.25	334406.31	343246.95
其他资产	56690.74	58969.37	55828.95	54414.98
总资产	**1541561.10**	**1561426.84**	**1571356.19**	**1580748.89**
对非金融机构及住户负债	1033145.57	1037326.86	1035407.76	1031362.68
纳入广义货币的存款	941783.93	950121.78	954616.81	953759.37
单位活期存款	252271.00	262289.21	253917.26	255375.97
单位定期存款	146381.11	144222.04	152550.93	147689.96
个人存款	543131.82	543610.52	548148.62	550693.43
不纳入广义货币的存款	30582.58	31659.46	30223.14	29464.65
可转让存款	10448.44	11719.64	11566.71	12180.28
其他存款	20134.14	19939.82	18656.44	17284.38
其他负债	60779.06	55545.62	50567.81	48138.66
对中央银行负债	55854.43	54747.87	52333.83	51413.06
对其他存款性公司负债	24840.72	27549.75	22643.14	27985.05
对其他金融性公司负债	84490.90	88931.79	96493.41	95472.89
其中：计入广义货币的存款	82877.39	87313.23	94813.67	94019.75
国外负债	6037.41	5494.40	5504.65	5612.93
债券发行	136685.36	140779.95	147609.91	152936.03
实收资本	29673.97	31245.66	31652.87	32464.86
其他负债	170832.74	175350.57	179710.61	183501.40
总负债	**1541561.10**	**1561426.84**	**1571356.19**	**1580748.89**

数据来源：中国人民银行。

附表 11

2021年中资中型银行资产负债表

（季末余额）

单位：亿元

项　　目	第一季度	第二季度	第三季度	第四季度
国外资产	28277.31	28521.37	29796.27	27449.10
储备资产	38733.42	38539.20	35811.47	38120.61
准备金存款	38254.77	38078.31	35358.40	37635.58
库存现金	478.65	460.89	453.07	485.03
对政府债权	74883.67	76311.89	78783.19	81749.06
其中：中央政府	74883.67	76311.89	78783.19	81749.06
对中央银行债权	0.00	0.00	11.05	6.20
对其他存款性公司债权	41622.49	43695.58	41814.57	43728.30
对其他金融性公司债权	92317.42	94208.88	92871.78	95177.11
对非金融性公司债权	312817.42	315474.52	321369.78	322516.50
对其他居民部门债权	155156.48	159040.02	163025.39	167095.03
其他资产	22683.12	23554.43	23350.79	23078.48
总资产	**766491.32**	**779345.88**	**786834.29**	**798920.37**
对非金融机构及住户负债	353831.91	362807.44	362205.10	367988.10
纳入广义货币的存款	332616.92	341103.92	341127.99	347312.49
单位活期存款	124697.29	129797.18	126833.29	130244.87
单位定期存款	122134.57	123678.16	127280.00	126466.94
个人存款	85785.05	87628.58	87014.71	90600.68
不纳入广义货币的存款	17343.08	18099.59	17942.54	17197.52
可转让存款	7668.38	8058.54	7903.53	7675.11
其他存款	9674.70	10041.05	10039.01	9522.41
其他负债	3871.91	3603.93	3134.57	3478.09
对中央银行负债	39102.13	39190.36	39242.90	34085.61
对其他存款性公司负债	37403.72	33172.35	33748.95	31862.82
对其他金融性公司负债	92934.64	95675.40	97674.91	103314.39
其中：计入广义货币的存款	92133.13	94851.44	96285.37	102559.91
国外负债	4699.76	4638.23	4211.30	4553.84
债券发行	146745.53	147301.24	151975.13	158809.49
实收资本	12244.93	12943.86	13542.97	14472.74
其他负债	79528.70	83616.99	84233.05	83833.39
总负债	**766491.32**	**779345.88**	**786834.29**	**798920.37**

数据来源：中国人民银行。

附表 12

2021年中资小型银行资产负债表
（季末余额）

单位：亿元

项　　目	第一季度	第二季度	第三季度	第四季度
国外资产	3165.07	3815.11	3727.98	3635.80
储备资产	58624.76	61153.39	59154.51	63528.33
准备金存款	56355.96	59140.66	57029.88	61538.18
库存现金	2268.79	2012.73	2124.63	1990.16
对政府债权	66027.50	71777.38	76098.91	81562.24
其中：中央政府	66027.50	71777.38	76098.91	81562.24
对中央银行债权	6.17	6.17	9.54	6.87
对其他存款性公司债权	114983.28	111611.65	113927.83	110435.70
对其他金融性公司债权	79278.14	78581.63	78821.44	81744.05
对非金融性公司债权	290159.09	299811.99	305336.54	311017.65
对其他居民部门债权	160023.82	167082.15	172890.34	176055.32
其他资产	28260.71	28749.27	30461.55	30714.95
总资产	**800528.54**	**822588.74**	**840428.63**	**858700.91**
对非金融机构及住户负债	553745.98	566393.73	574762.45	585933.19
纳入广义货币的存款	546420.61	558517.35	566466.35	576925.28
单位活期存款	116491.82	119843.39	118523.16	121117.39
单位定期存款	95380.18	98476.03	100270.08	99939.10
个人存款	334548.62	340197.94	347673.12	355868.80
不纳入广义货币的存款	5291.86	5903.71	6327.41	6600.00
可转让存款	1650.28	1782.93	1830.25	2224.37
其他存款	3641.58	4120.78	4497.17	4375.62
其他负债	2033.51	1972.67	1968.69	2407.91
对中央银行负债	25489.14	26392.74	29405.54	31356.21
对其他存款性公司负债	41168.90	42107.84	41888.12	41366.42
对其他金融性公司负债	43570.53	46568.57	47258.94	52587.98
其中：计入广义货币的存款	42175.89	44942.66	45941.26	51046.76
国外负债	795.07	758.65	789.25	762.72
债券发行	36404.21	37331.01	38062.12	37918.18
实收资本	21660.47	22289.53	23020.72	23952.32
其他负债	77694.23	80746.68	85241.48	84823.89
总负债	**800528.54**	**822588.74**	**840428.63**	**858700.91**

数据来源：中国人民银行。

附表13

2021年外资银行资产负债表

（季末余额）

单位：亿元

项目	第一季度	第二季度	第三季度	第四季度
国外资产	3091.92	3214.88	3412.14	3766.71
储备资产	2723.61	2759.85	2583.28	2577.56
准备金存款	2720.59	2756.86	2580.65	2574.80
库存现金	3.02	2.98	2.63	2.76
对政府债权	4282.95	4284.92	4161.61	4421.24
其中：中央政府	4282.95	4284.92	4161.61	4421.24
对中央银行债权	0.00	0.00	8.42	6.00
对其他存款性公司债权	4271.66	4175.35	4145.26	4539.91
对其他金融性公司债权	4430.54	4717.27	4661.34	4781.01
对非金融性公司债权	13722.85	13493.15	13342.46	13267.24
对其他居民部门债权	1945.49	2040.69	2109.85	2212.26
其他资产	12618.10	12687.18	12709.49	12519.20
总资产	**47087.12**	**47373.28**	**47133.84**	**48091.13**
对非金融机构及住户负债	20532.72	20463.32	19964.41	21225.35
纳入广义货币的存款	14913.88	14844.55	14758.46	15680.75
单位活期存款	4871.78	4995.43	4394.77	5515.80
单位定期存款	8637.84	8445.34	8984.44	8781.49
个人存款	1404.25	1403.78	1379.26	1383.46
不纳入广义货币的存款	3743.24	4051.18	3978.02	4192.49
可转让存款	2256.30	2497.07	2401.12	2648.80
其他存款	1486.94	1554.11	1576.90	1543.68
其他负债	1875.60	1567.58	1227.93	1352.11
对中央银行负债	146.95	302.60	578.92	330.99
对其他存款性公司负债	2891.22	2737.16	2961.52	2734.53
对其他金融性公司负债	1591.96	1667.53	2087.40	2066.79
其中：计入广义货币的存款	1407.92	1489.30	1882.01	1858.53
国外负债	4146.75	4138.45	3702.09	4065.76
债券发行	851.22	923.90	915.80	884.02
实收资本	2008.45	2011.06	2000.38	2019.08
其他负债	14917.84	15129.27	14923.32	14764.62
总负债	**47087.12**	**47373.28**	**47133.84**	**48091.13**

数据来源：中国人民银行。

附表14

2021年农村信用社资产负债表

（季末余额）

单位：亿元

项　　目	第一季度	第二季度	第三季度	第四季度
国外资产	5.60	4.59	0.69	0.72
储备资产	7241.60	7132.09	7714.29	8173.91
准备金存款	6908.75	6841.35	7409.05	7925.80
库存现金	332.86	290.75	305.24	248.12
对政府债权	2675.76	2759.70	2751.37	3143.04
其中：中央政府	2675.76	2759.70	2751.37	3143.04
对中央银行债权	0.00	0.00	0.00	0.00
对其他存款性公司债权	18218.57	18177.71	17793.81	16185.33
对其他金融性公司债权	1017.25	1049.20	1660.67	1321.38
对非金融性公司债权	13132.36	13190.00	12627.23	12267.44
对其他居民部门债权	14142.88	14177.39	13898.80	13388.25
其他资产	3530.93	3741.12	3649.63	3791.63
总资产	**59964.96**	**60231.80**	**60096.50**	**58271.71**
对非金融机构及住户负债	42099.28	41874.22	40693.48	39857.24
纳入广义货币的存款	42018.97	41804.36	40624.45	39744.04
单位活期存款	5635.14	5483.19	5187.87	4614.78
单位定期存款	1221.76	1265.18	1291.91	1239.15
个人存款	35162.08	35055.99	34144.66	33890.11
不纳入广义货币的存款	0.23	0.25	0.23	0.31
可转让存款	0.22	0.23	0.22	0.29
其他存款	0.01	0.02	0.02	0.01
其他负债	80.09	69.61	68.80	112.90
对中央银行负债	875.58	883.77	885.49	944.37
对其他存款性公司负债	8107.03	8194.17	8826.12	8091.47
对其他金融性公司负债	286.41	154.65	173.33	193.81
其中：计入广义货币的存款	68.47	75.61	65.17	64.65
国外负债	1.16	0.70	0.70	0.53
债券发行	19.40	18.28	5.06	4.02
实收资本	1243.61	1292.65	1202.62	1373.35
其他负债	7332.49	7813.35	8309.70	7806.93
总负债	**59964.96**	**60231.80**	**60096.50**	**58271.71**

数据来源：中国人民银行。

附表15

证券市场概况统计表

年　份	2016	2017	2018	2019	2020	2021
沪深股市上市公司数（A、B股）(家)	3052	3485	3584	3777	4154	4615
沪深股市上市外资股（B股）(家)	100	100	99	97	93	90
北交所市场上市公司数(家)	–	–	–	–	–	82
境外上市公司数（H股）(家)	241	252	267	294	291	323
沪深股市总发行股本（亿股）	48750	53747	57581	61740	65526	70694
其中：流通股本(亿股)	41136	45045	49048	52488	56375	60755
北交所市场总发行股本（亿股）	–	–	–	–	–	123
其中：流通股本(亿股)	–	–	–	–	–	57
沪深股市股票市价总值（亿元）	507686	567086	434924	593075	796487	916088
其中：股票流通市值（亿元）	393402	449298	353794	483327	643096	751556
北交所市场股票市价总值（亿元）	–	–	–	–	–	2723
其中：股票流通市值（亿元）	–	–	–	–	–	1074
沪深股市股票交易量（亿股）	95525	87781	82037	126624	167452	187426
北交所市场股票交易量（亿股）	–	–	–	–	–	37
沪深股市股票成交金额（亿元）	1277680	1124625	901739	1274159	2068253	2579734
北交所市场股票成交金额（亿元）	–	–	–	–	–	667
上证综合指数（收盘）	3103.64	3307.17	2493.90	3050.12	3473.07	3639.78
深证综合指数（收盘）	1969.11	1899.34	1267.87	1722.95	2329.37	2530.14
期末投资者数（万）	11811.04	13398.29	14650.44	15975.24	17777.49	19740.85
平均市盈率						
上海	15.9	16.3	12.5	15.6	16.1	20.9
深圳	41.2	36.2	20.0	35.6	33.5	33.0
北京	–	–	–	–	–	46.7
平均换手率%						
上海	158.4	180.5	150.9	193.9	258.8	223.0
深圳	541.8	412.9	356.9	454.9	555.8	523.4
北京	–	–	–	–	–	206.5
政府债券发行额（亿元）	91086	83513	78278	85187	135293	142662
公司信用类债券发行额（亿元）	82377	56352	77905	107058	142012	146804
银行间市场国债现货成交金额（亿元）	126130	131269	190695	347883	467069	406092
银行间市场国债回购成交金额（亿元）	1757356	1913543	2144206	2694737	3031178	3339338
证券投资基金只数（只）	3873	4848	5580	6111	7258	9152
证券投资基金规模（亿元）	91595	115989	130339	147673	198519	255625
交易所上市证券投资基金成交金额（亿元）	111444	98052	102705	91679	136239	183100
期货成交总量（万手）	413782	307106	301070	392157	602735	726924
期货成交额（亿元）	1956344	1878951	2108057	2905856	4373005	5807071

数据来源：中国人民银行、中国证监会、中国证券投资基金业协会、中央结算公司。

附表16 股票市值与GDP的比率

单位：亿元，%

年份	GDP	市价总值	比率	GDP	流通市值	比率
2002	120333	38339	31.85	120333	12487	10.38
2003	135823	42478	31.26	135823	13185	9.70
2004	159878	37081	23.18	159878	11701	7.31
2005	183868	32446	17.64	183868	10638	5.78
2006	211923	89441	42.19	211923	25021	11.80
2007	249530	327291	131.10	249530	93141	37.30
2008	300670	121541	40.36	300670	45303	15.04
2009	335353	244104	72.74	335353	151342	45.10
2010	397983	265423	66.69	397983	193110	48.52
2011	471564	214758	45.54	471564	164921	34.97
2012	519322	230358	44.36	519322	181658	34.98
2013	568845	239077	42.03	568845	199580	35.09
2014	636463	372547	58.53	636463	315624	49.59
2015	676708	531463	78.51	676708	417881	61.76
2016	744127	507686	68.30	744127	393402	52.85
2017	827122	567086	68.56	827122	449298	54.32
2018	900309	434924	48.31	900309	353794	39.30
2019	990865	593075	59.85	990865	483327	48.78
2020	1015986	796487	78.47	1015986	643096	63.35
2021	1143670	918811	80.10	1143670	752630	65.71

注：2021年末，市价总值、流通市值均为沪深股市和北交所股市的合计金额。
数据来源：国家统计局、中国证监会。

附表17 境内股票筹资额和各项贷款增加额的比率

单位：亿元，%

年份	境内股票筹资额	各项贷款增加额	比率
2002	720.05	18475.01	3.90
2003	665.51	27651.67	2.41
2004	650.53	22648.06	2.87
2005	339.03	23543.82	1.44
2006	2374.5	31809.19	7.46
2007	7814.74	36322.51	21.51
2008	3312.39	49041.23	6.75
2009	4834.34	95941.63	5.04
2010	9799.8	79450.29	12.33
2011	7154.43	74715.39	9.58
2012	4542.4	82037.63	5.54
2013	4131.46	88916.22	4.65
2014	8498.26	97815.77	8.69
2015	16361.62	117238.6	13.96
2016	20297.39	126496.23	16.05
2017	15534.98	135277.81	11.48
2018	11377.88	161704.9	7.04
2019	12538.82	168144.09	7.46
2020	14221.58	196340.43	7.24
2021	15422.00	199489.96	7.73

注：①自2015年起，“各项贷款”包含银行业金融机构拆放给非银行业金融机构的款项。
②境内股票筹资额不含可转债转股金额。
③2021年末，境内股票筹资额=沪深股市股票筹资额+北交所市场股票筹资额。
数据来源：根据中国证监会、中国人民银行数据整理。

附表18

股票市场概况统计表

年　份	2016	2017	2018	2019	2020	2021
沪深股市上市公司数（A、B股）(家)	3052	3485	3584	3777	4154	4615
其中：ST公司数（家）	62	64	57	137	218	179
中小板公司数（家）	822	903	922	943	994	–
创业板公司数（家）	570	710	739	791	892	1090
科创板公司数（家）	–	–	–	70	215	377
沪深股市上市外资股（B股）(家)	100	100	99	97	20	90
其中：ST公司数（家）	4	4	1	4	4	4
北交所市场上市公司数(家)	–	–	–	–	–	82
沪深股市总发行股本（亿股）	48750	53747	57581	61740	65526	70694
其中：中小板总发行股本	6424	7612	8360	9322	9924	–
创业板总发行股本	2631	3258	3728	4097	4510	5165
科创板总发行股本	–	–	–	–	–	1212
北交所市场总发行股本（亿股）	–	–	–	–	–	123
沪深股市市价总值（亿元）	507686	567086	434924	593075	796487	916088
其中：中小板市价总值	98114	103992	70122	98681	135378	–
创业板市价总值	52255	51289	40460	61348	109339	140240
科创板市价总值	–	–	–	8638	33491	56306
北交所市场股票市价总值（亿元）	–	–	–	–	–	2723
沪深股市流通市值（亿元）	393402	449298	353794	483327	643096	751556
其中：中小板流通市值	64089	71155	50479	73661	106105	–
创业板流通市值	30537	30495	24543	40232	69630	140240
科创板流通市值	–	–	–	1288	10002	22591
北交所市场流通市值（亿元）	–	–	–	–	–	1074
沪深股市成交量（亿股）合计	95525	87781	82037	126624	167452	187426
日平均	388	360	338	519	689	38
中小板	20578	17409	18286	31971	42244	–
创业板	9510	8830	11642	19009	30219	29060
科创板	–	–	–	305	1203	1951

续表

年份		2016	2017	2018	2019	2020	2021
沪深股市成交金额（亿元）	合计	1277680	1124625	901739	1274159	2068253	2579734
	日平均	5221	4609	3711	5222	8511	478
	中小板	344165	259880	203626	310657	501796	–
	创业板	216832	165522	158862	231604	466723	543303
	科创板	–	–	–	13314	66230	105422
平均换手率%	上海	158.4	180.5	150.9	193.4	258.8	223.0
	深圳	541.8	412.9	356.9	454.9	555.8	523.4
	北京	–	–	–	–	–	206.5
平均市盈率	上海	15.9	16.3	12.5	15.6	16.1	20.9
	深圳	41.2	36.2	20.0	35.6	33.5	33.0
	北京	–	–	–	–	–	46.7
	中小板	50.4	45.6	21.0	28.5	35.8	–
	创业板	73.2	51.4	32.8	47.0	64.9	60.0
	科创板	–	–	–	77.1	91.1	75.6
上证综合指数	开盘	3536.59	3105.31	3314.03	2497.88	3066.34	3474.68
	最高	3538.69	3450.5	3587.03	3288.45	3474.92	3731.69
	月日	2016/1/4	2017/11/14	2018/1/29	2019/4/8	2020/12/31	2021/2/18
	最低	2638.30	3016.53	2449.20	2440.91	2646.80	3312.72
	月日	2016/1/27	2017/5/11	2018/10/19	2019/1/4	2020/3/19	2021/7/28
	收盘	3103.64	3307.17	2493.90	3050.12	3473.07	3639.78
深证综合指数	开盘	2304.48	1972.55	1903.49	1270.5	1734.63	2335.16
	最高	2304.49	2054.02	1966.15	1799.1	2340.89	2571.27
	月日	2016/1/4	2017/3/17	2018/1/25	2019/4/8	2020/11/9	2021/12/13
	最低	1618.12	1753.53	1212.23	1231.83	1552.96	2130.09
	月日	2016/1/27	2017/6/2	2018/10/19	2019/1/4	2020/2/4	2021/3/9
	收盘	1969.11	1899.34	1267.87	1722.95	2329.37	2530.14

数据来源：中国证监会、上海证券交易所、深圳证券交易所、北京证券交易所。

附表19

中国债券发行情况汇总表

单位：亿元

年份	政府债务			金融债券			公司信用类债券（企业债）		
	发行额	兑付额	期末余额	发行额	兑付额	期末余额	发行额	兑付额	期末余额
2001	4884	2286	15618				147		
2002	5934	2216	19336				325		
2003	6280	2756	22604				358		
2004	6924	3750	25778				327		
2005	7042	4046	28774				2047	37	
2006	8883	6209	31449				3938	1672	
2007	23139	5847	48741				5181	2881	7683
2008	8558	7531	49768				8723	3278	13251
2009	17927	9745	57950				16599	4309	25541
2010	19778	10043	67685				16094	5099	36318
2011	17100	10959	75832	23491	7683	75748	23548	10326	49095
2012	16154	9464	82522	26202	8588	93362	37365	8750	77710
2013	20230	8996	95471	26310	13306	105772	36784	18673	93242
2014	21747	10365	107275	36552	19345	125489	51516	27388	116214
2015	59408	12803	154524	102095	53852	184596	67205	39757	144329
2016	91086	19709	225734	182152	125677	236499	82242	61139	175180
2017	83513	27567	281538	258056	216410	278301	56352	52378	183252
2018	78278	29875	330069	274056	229047	322585	77905	51561	205603
2019	85187	37175	377273	259360	217335	364622	107058	74064	246176
2020	135293	51408	460911	291539	239860	415080	142012	95558	289472
2021	142662	71258	532744	323516	257093	482241	146804	115152	314477

注：① 金融债券指由金融企业发行的债券，包括国开行金融债、政策性金融债、商业银行普通债、商业银行次级债、商业银行资本混合债、资产支持证券、证券公司债券、证券公司短期融资券、资产管理公司金融债、同业存单。

② 因统计制度调整，自2012年起，表中“企业债”替换为“公司信用类债券”，包括非金融企业债务融资工具、企业债券以及公司债、可转债、可分离债、中小企业私募债。

数据来源：中国人民银行。

附表 20

中国保险业发展概况统计表

单位：亿元，%

项　　目	2015	同比增长	2016	同比增长	2017	同比增长	2018	同比增长	2019	同比增长	2020	同比增长	2021	同比增长
保费收入	24282.52	20.00	30959.10	27.50	36581.01	18.16	38016.62	3.92	42644.75	12.17	45257.33	6.13	44900.17	−0.79
1. 财产险	7994.97	10.99	8724.50	9.12	9834.66	12.72	10770.08	9.51	11649.47	8.17	11928.58	2.40	11671.11	−2.16
2. 人身意外伤害	635.56	17.14	749.89	17.99	901.32	20.19	1075.55	19.33	1175.16	9.26	1174.11	−0.09	1210.19	3.07
3. 健康险	2410.47	51.87	4042.50	67.71	4389.46	8.58	5448.13	24.12	7065.98	29.70	8172.71	15.66	8447.02	3.36
4. 寿险	13241.52	21.46	17442.22	31.72	21455.57	23.01	20722.86	−3.41	22754.14	9.80	23981.92	5.40	23571.85	−1.71
赔款、给付	8674.14	20.20	10512.89	21.20	11180.79	6.35	12297.87	9.99	12893.97	4.85	13907.10	7.86	15608.64	12.24
1. 财产险	4194.17	10.72	4726.18	12.68	5087.45	7.64	5897.32	15.92	6501.62	10.25	6954.79	6.97	7687.50	10.54
2. 人身意外伤害	151.84	18.24	183.01	20.53	223.69	22.23	267.70	19.68	297.66	11.19	316.04	6.17	352.39	11.50
3. 健康险	762.97	33.58	1000.75	31.17	1294.77	29.38	1744.34	34.72	2351.48	34.81	2921.16	24.23	4028.50	37.91
4. 寿险	3565.17	30.67	4602.95	29.11	4574.89	−0.61	4388.52	−4.07	3743.21	−14.70	3715.11	−0.75	3540.25	−4.71
营业费用	3336.72	19.35	3895.52	16.75	4288.06	10.08	4717.73	10.02	5490.57	16.38	5728.05	4.33	5224.93	−8.78
银行存款	24349.67	−3.50	24844.21	2.03	19274.07	−22.42	24363.50	26.41	25227.42	3.55	25973.45	2.96	26178.59	0.79
投资	87445.81	30.52	109066.46	24.72	129932.14	19.13	139724.88	7.54	120618.47	−13.67	190827.68	58.21	206101.46	8.00
其中：国债	5831.12	16.39	7796.24	33.70	10167.99	30.42	14027.62	37.96	20672.01	47.37	32069.60	55.14	43054.84	34.25
证券投资基金	8856.50	87.87	8554.46	−3.41	7524.77	−12.04	8650.55	14.96	9423.29	8.93	11040.41	17.16	12248.02	10.94
资产总额	123597.76	21.66	151169.16	22.31	167489.37	10.80	183308.92	9.45	205644.92	12.18	232984.30	13.29	248874.05	6.82

注：①保费收入、赔款给付、营业费用为年度数据。
②银行存款、投资、资产总额为年底数据。
③因部分机构目前处于风险处置阶段，2021年数据不包含这部分机构。
数据来源：中国银保监会、原中国保监会。

附表 21　　2017—2021年全国非寿险保费收入构成

单位：亿元，%

险种	2017	占比	2018	占比	2019	占比	2020	占比	2021	占比
车险	7521.07	63.98	7834.02	66.64	8188.32	62.91	8244.75	60.70	7772.68	56.83
企财险	392.10	3.34	423.11	3.60	464.10	3.57	490.26	3.61	519.76	3.80
货运险	100.19	0.85	121.11	1.03	130.12	1.00	135.96	1.00	167.72	1.23
意外险	312.66	2.66	416.60	3.54	526.57	4.05	540.90	3.98	627.30	4.59
责任险	451.27	3.84	590.79	5.03	753.30	5.79	901.13	6.63	1018.44	7.45
其他	1764.09	15.01	2370.06	20.16	2953.92	22.69	3270.69	24.08	3570.59	26.11
合计	10541.38	89.67	11755.69	100.00	13016.33	100.00	13583.69	100.00	13676.48	100.00

注：因部分机构目前处于风险处置阶段，2021年数据不包含这部分机构。
数据来源：中国银保监会、原中国保监会。

附表22　　2017—2021年全国寿险保费收入构成

单位：亿元，%

险种	2017	占比	2018	占比	2019	占比	2020	占比	2021	占比
人寿保险	21455.49	82.40	20722.80	78.91	22754.14	76.80	23981.92	75.97	23571.84	75.49
其中：普通保险	12936.48	49.68	9120.97	34.73	10473.62	35.35	12545.94	39.74	13520.14	43.30
分红保险	8403.20	32.27	11489.15	43.75	12166.97	41.07	11327.18	35.88	9952.80	31.88
投资连结保险	3.91	0.02	4.12	0.02	4.40	0.01	4.33	0.01	3.72	0.01
意外伤害保险	588.66	2.26	658.95	2.51	648.60	2.19	633.21	2.01	582.89	1.87
健康保险	3995.40	15.34	4879.12	18.58	6225.68	21.01	7058.50	22.36	7068.94	22.64
合计	26039.55	100.00	26260.87	100.00	29628.42	100.00	31569.16	100.00	31223.67	100.00

注：① 2021年数据不含中华保险寿险业务原保险保费收入。
② 因部分机构目前处于风险处置阶段，2021年数据不包含这部分机构。
数据来源：中国银保监会、原中国保监会。

附表23　**2021年全国各地区保费收入情况表**

单位：亿元

地区	原保险保费收入	财产保险	寿险	意外险	健康险
全国合计	44900	11671	23572	1210	8447
广　东	4153	1019	2283	139	712
江　苏	4051	1002	2345	94	610
山　东	2816	668	1473	69	607
北　京	2527	443	1499	62	522
浙　江	2485	745	1288	63	389
河　南	2360	550	1264	52	494
四　川	2205	557	1173	61	414
河　北	1995	545	1045	44	361
上　海	1971	524	1048	75	324
湖　北	1878	380	1087	43	369
湖　南	1509	391	749	41	328
深　圳	1427	377	638	45	367
安　徽	1380	437	657	37	249
陕　西	1052	255	598	24	176
福　建	1052	257	541	30	224
山　西	998	231	579	22	167
黑龙江	995	199	549	17	231
辽　宁	980	289	495	21	175
重　庆	966	214	519	26	206
江　西	910	265	444	25	176
广　西	781	241	346	29	165
吉　林	691	171	349	16	156
云　南	690	262	252	28	148
新　疆	686	229	304	18	135
天　津	660	154	372	18	116
内蒙古	646	205	302	16	123
贵　州	496	215	181	21	80
甘　肃	490	131	258	14	87
青　岛	462	144	210	11	96
大　连	378	83	230	8	57
宁　波	375	176	145	11	43
厦　门	243	71	122	7	43
宁　夏	211	65	101	7	38
海　南	198	74	80	6	38
青　海	107	45	42	3	17
西　藏	40	27	5	3	4
集团、总公司本级	37	31	0	4	3

注：① 集团、总公司本级是指集团、总公司开展的业务，不计入任何地区。

② 因部分机构目前处于风险处置阶段，各地区汇总数据口径暂不包含这部分机构。

资料来源：中国银保监会。

附表24 支付系统业务量统计表

单位：亿笔，万亿元

项目 \ 年份	2017		2018		2019		2020		2021	
	笔数	金额	笔数	金额	笔数	金额	笔数	金额	笔数	金额
大额实时支付系统	9.32	3731.86	10.73	4353.48	10.94	4950.72	5.12	5647.73	4.82	6171.42
小额批量支付系统	25.28	33.14	21.83	35.53	26.27	60.58	34.58	146.87	38.81	162.55
网上支付跨行清算系统	84.64	61.72	120.98	89.05	140.11	110.77	156.24	203.49	174.91	273.76
境内外币支付系统	0.0202	6.75	0.0214	8.33	0.0220	8.54	0.0266	10.27	0.0416	14.46
人民币跨境支付系统	0.0126	14.55	0.0144	26.45	0.0188	33.93	0.0220	45.27	0.0334	79.60
商业银行行内业务系统	323.13	1333.69	366.95	1332.09	164.69	1218.69	169.19	1588.32	184.51	2055.34
银联跨行支付系统	293.48	93.85	355.14	120.29	1351.75	173.60	1505.60	192.18	2080.04	226.95
网联清算平台	–	–	1284.77	57.91	3975.42	259.84	5431.68	348.86	6827.60	461.46
城银清算支付清算系统	–	–	0.63	0.59	0.05	0.73	0.08	1.10	0.16	1.87
农信银支付清算系统	–	–	5.98	3.03	13.02	2.93	17.38	2.64	25.30	3.27

注：① 根据人民银行“断直连”工作要求，第三方支付机构全部接入银联或网联系统，商业银行与支付机构之间的业务，城银清算有限公司和农信银资金清算中心成员机构与第三方支付机构之间的业务不再计入商业银行行内业务系统、城银清算支付清算系统和农信银支付清算系统业务量统计。

② 自2018年第二季度起，银联跨行支付系统业务仅包含资金清算的交易，不含查询、账户验证等不参与资金清算的交易；自2019年第一季度起，银联跨行支付系统业务量包括支付机构发起的通过银联跨行支付系统处理的涉及银行账户的网络支付业务量。

③ 原同城清算系统业务已于2020年12月全部迁移至大额实时支付系统、小额批量支付系统处理。因此，自2021年起不再单独披露同城清算系统业务量。

④ 城银清算支付清算系统包括原城市商业银行汇票处理系统和支付清算系统。

数据来源：中国人民银行。

责任编辑：李　融　董　飞
责任校对：孙　蕊
责任印制：程　颖

图书在版编目（CIP）数据

中国金融稳定报告. 2022/中国人民银行金融稳定分析小组编. —北京：中国金融出版社，2023. 1
ISBN 978-7-5220-1788-4

Ⅰ. ①中…　Ⅱ. ①中…　Ⅲ. ①金融市场—研究报告—中国—2022　Ⅳ. ①F832. 5

中国国家版本馆CIP数据核字（2023）第012569号

中国金融稳定报告2022
ZHONGGUO JINRONG WENDING BAOGAO 2022

出版
发行　中国金融出版社

社址　北京市丰台区益泽路2号
市场开发部　（010）66024766，63805472，63439533（传真）
网 上 书 店　www.cfph.cn
（010）66024766，63372837（传真）
读者服务部　（010）66070833，62568380
邮编　100071
经销　新华书店
印刷　河北松源印刷有限公司
尺寸　210毫米 × 285毫米
印张　7.75
字数　141千
版次　2023年1月第1版
印次　2023年1月第1次印刷
定价　238.00元
ISBN 978-7-5220-1788-4